再び、
BOACスチュワーデス
殺人事件の謎を解く

消えた神父、その後

大橋義輝
Ohashi Yoshiteru

共栄書房

消えた神父、その後——再び、ＢＯＡＣスチュワーデス殺人事件の謎を解く◆目次

まえがき

あの時、こうすればよかった。この時、ああすればよかった。そう悔いるのは人間の常である。インタビューなどを読むにつけ、一流のアスリートですらそうなのだから、我々凡人にとって後悔は、日常茶飯事である。

ただ、日々の小さな後悔とは少し違う、心の片隅に居続ける後悔というものがある。それは生じてから決して忘れられることなくのしかかり、じわじわと〝宿主〟の思考に影響を及ぼし続ける。長い時間を経たある時、それは一気に表面化して、具体的な行動を引き起こすことだってある。

二〇一四年、私は『消えた神父を追え!――BOACスチュワーデス殺人事件の謎を解く』（共栄書房）という本を上梓した。テーマとなったBOACスチュワーデス殺人事件は、一九五九（昭和三四）年に発生し、重要参考人であるベルギー人神父が取調べの最中に突如帰国してしまったことで迷宮入りした、警視庁開闢以来の大失態と言われる昭和の大事件である。事件から五五年後、当時カナダ在住であった神父を追跡し、ついに面会を果たした顛末をまとめた一冊だった。

松本清張『黒い福音』のモデルとなり、三億円事件と並んで「昭和の二大未解決事件」とされたこの事件について、最重要人物である「消えた神父」を追うことは、私にとって積年の宿願であった。テレビ局記者、週刊誌記者の立場でマスコミの末席を汚した者として、あれだけ世間を騒がせた事件を、「伝えっぱなし」のまま終わらせてもいいのか——。フォローをしなければならぬというくすぶり続けた使命感が、半世紀の時を超えて私を駆り立てたのである。

そしてついに面会を果たした高揚感で前著を書き上げたわけだが、刊行後、私は悔いの情に襲われることになった。神父と会う前の使命感が退潮していく代わりに、私の中で、いささか神父に対する同情らしき感情が芽生えてきたのだ。

今は平穏に暮らしている神父、あるいはその周囲に、わざわざ日本からやって来て過去を持ち出し波風を立たせたことは、果たしていかがなものだったのか。若き日に抱いた疑問とそこから生じた使命感とは逆の方向から、「人に伝えることとは」「報道とは」という根源的な問題を考えさせられたのだった。

長年の後悔にやっとケリをつけた思いでいたところ、新たな後悔を私は抱え込んでしまったわけである。

しかし時間が経つにつれて、そんな感情は必要でない、と思うようにもなった。基本はただ一点。できるだけ事実を積み重ね、真実に迫ることではないか。そんな感情に移行していったわけである。

こうした自問自答を重ねたことに加え、前著へのリアクションとして、私の「突っ込み不足」を指摘されたことも気にかかっていた。

確かに私は、神父に日本での事件を思い起こさせはしたが、決定的な質問――「あなたが、やったのですか?」をぶつけることはできなかった。老い先短い自らの境遇を訴える神父を前に、いささか意欲を削がれ、切り込みが甘くなってしまった。そのことは、私自身が一番自覚しており、反省すべきことと受け止めてもいた。

――いつかまた、あの事件について、神父について、筆をとらなければならない。

私の胸には、新たな使命感が宿るようになっていた。

第1章　ＢＯＡＣ事件、ふたたび

未解決

　未解決事件、あるいは迷宮入り事件は、一昔前に比べて格段に減っているはずである。科学的捜査の進歩に加え、各地に設置された防犯カメラの恩恵は大きい。現代の初動捜査は、まず現場周辺の防犯カメラ映像の解析から始まるという。

　そもそも日本の警察力は世界と比較して優秀で検挙率も高い、とされてきた。マスコミも「世界に冠たる日本の警察」といった表現で世に伝えてきたし、国民もそう思っているだろう。

　しかし法務省の『犯罪白書』を見ると、刑法犯全体の検挙率は、一九九八（平成一〇）年ごろまで七〇％前後で推移していたものが、近年では五割超くらいで推移するようになっている。この要因は様々あろうが、私たちが思っている以上に、未解決事件は多いのである。

多くの未解決事件の中で、世間を震撼させた殺人や強盗などの重大事件については、関心も高い。古くは三億円事件（一九六八年）で、これについては手口の見事さと、「話に尾ひれがつく」ことがあまりに多すぎたことから、半ば伝説化している。

八王子スーパー強盗殺人事件（一九九五年）、上智大生殺人放火事件（一九九六年）は、平成期の重大未解決事件として国民の認知度も高い。両事件とも重大情報が伝えられることもあったが、いまだ犯人逮捕には至っていない。

長い間未解決のままだったが動きがあった事件といえば、「餃子の王将」社長銃撃事件（二〇一三年）がすぐに思いつく。

ちなみに二〇一〇年に刑事訴訟法が改正され、殺人罪などの時効が撤廃されたため、「迷宮入り」、もしくは警察の俗語「お宮入り」は、制度面で言えば今では死語となっている。

これら未解決事件の中でも、とりわけ多くの〝説〟がまことしやかに語られ、その半面解決の糸口すら見いだせないのが、二〇〇〇年一二月三〇日に発生した世田谷一家殺人事件だろう。この事件には二〇〇〇万円の懸賞金まで掛けられているものの、二〇年以上を経て、いまだに犯人の特定には至っていない。

犯人は柳刃包丁（刃渡り二一センチ、全長三四センチの「関孫六銀寿」）と、それが刃こぼれしたために被害者宅にあった文化包丁を使って、一家四人家族を皆殺しにした。その凄惨さから強い怨恨を感じさせた。

現場には犯人の遺留品も多く残されていた。警察は犯人の指紋を確保。親指が渦巻き模様で豚の鼻の形に似ていることから「ブタバナ」と呼ばれた。加えて毛髪の断片も採取。犯人特定は時間の問題か、と思われた。

だが、指紋照合はこれまでに五〇〇〇万件、DNA鑑定も一三〇万件以上にのぼったけれども、現在（二〇二二年秋）のところ未解決なのだ。

この原因として、遺留品の多さに由来し、初動捜査にちょっとした偏りがあったのでは、との声もある。例えば犯人は手に傷を負っていた。事件発生から六時間後、東武日光駅の駅員が、右手に骨が見えるほどに負傷した人物の治療にあたっていたことが判明。この情報は警察に連絡されたが、捜査はしなかった。警察が動いたのは事件発生から半年以上後のことだった。もっとも犯人と同一人物の確証はないが、もう少し幅広く捜査を行うべきだったのではないかと、犯人の指紋と血液鑑定に固執しすぎたことが指摘されている。

犯人の血液のDNAを人類学的に解析した結果、父系がアジア系民族、母系には欧州系（地中海）民族が含まれていることが判明したという（「産経新聞」二〇〇六年一〇月一六日付）。これは、「日本人には少ない型」とする専門家の見方もある。母系を示すミトコンドリアDNAのハプログループは、アドリア海や地中海の南欧系民族にみられる「アンダーソンH15型」、父系を示すY染色体は日本人よりもその他のアジア系民族に多い「ハプログループO2a2b1（O-M134）であることが判明した、というのである。これを受け特別捜査本部は、犯人が「アジア系を含む日本国外の人」または「混血の日本人」である可能性も視野に入れて捜査していると公表したのだった。

警視庁のホームページには、現在も世田谷一家殺しの現場付近が3D動画で掲載されている。この辺りは桜の名所で、近くの仙川にカモの親子が泳いでいる光景はなかなか風情がある。私は会社の元上司から花見に誘われ、この事件現場の近くを訪れたことがあった。元上司宅は事件現場の近くで、事件発生から四か月余りのことだった。この日は釈迦の生誕日（四月八日）であったからよく覚えていた。

ちょうど昼時で仙川沿いの遊歩道を歩いていた時だ。左前方に被害者宅があり、一〇人前後の警察官がせわしく動きまわっていた。現場保持と捜査のためだろう。被害者宅は黄色いロープで人の立ち入りを拒み、隣家に親類縁者の家があるだけで、他の民家はなく孤立状態といった地域であった。公園整備のための立ち退きエリアであったため、被害者宅と隣家を残して他家は引っ越していたからだ。

それにしても、「日本以外の人物（外国人）も視野」にと拡大捜査に踏み切ったのは、初動捜査の反省からであろうか。「犯人は外国人の可能性あり」と耳にすると、何やらやっかいであり、逮捕は困難というイメージをもってしまう。

犯人が外国人の可能性が高いとされる事件で思い起こすのは、筑波大学の助教授が大学構内で刺殺されるというショッキングな事件だ。この助教授は当時ヨーロッパで話題となった、反イスラムの本の翻訳者だった。警察は捜査するものの、「宗教と外国人」という壁もあって捜査はなかなか進捗せず、結果、未解決事件になってしまった。

やはり容疑者が外国人といわれた事件が、東電ＯＬ殺人事件（一九九七年）であり、これも未解決事件だ。事件発生二か月後、ネパール人の男性が逮捕された。裁判では一審で無罪とされたが、控訴審で一転有罪の無期懲役、最高裁でも有罪無期懲役が確定した。が、再審請求がなされ、被害者の遺体から採取されたＤＮＡがネパール人男性と一致しないことが判明、再審の結果、「ネパール人は白」となり釈放されたのである。

元被告には、拘留中の精神的な苦痛を加味して賠償金（約六八〇〇万円）が支払われた。

ネパールの貨幣価値を考えれば法外な金を手にして、地元では金持ちになったと伝えられた。

しかしこの事件、単なる殺人事件ではなかった。人々の関心を集めたのはサイドストーリーだった。なにしろ被害女性は、慶応女子高～慶応大学経済学部出身のエリートであったにもかかわらず、仕事終わりのアルバイトが、春を売る〝立ちんぼ〟だったからだ。

彼女は、東京電力には初の総合職として入社、初の女性管理職（企画部経済調査室副長）となり、研究職として月に何本かリポートを提出して評価も高かったという。亡くなった父親は東大卒でやはり東電の元職員であったというから、経済的には恵まれていたと思われる。殺人事件としてだけでなく、被害者の「心の闇」に関心が寄せられ、事件を扱った書籍も多数出版された。

世間の関心を集め盛り上がりを見せたが、それがいったん収まると、まるで火の消えたように事件は風化した。だが、犯人はまだ見つかっていないのだ。

この東電OL殺人事件と本書のテーマであるBOACスチュワーデス殺人事件（以後、BOAC事件）には、約四〇年の隔たりを超えた共通点がいくつかある。

私は数年前、前著の取材で、BOAC事件の被害者、武川知子さんの下宿先を探し回っていた。東京・世田谷区松原である。このあたりはちょっとした坂が多く、徒歩で探すのはなかなか大変であったことを覚えている。

実は、東電OL事件の被害者・渡辺泰子さんもこの松原、しかも同じ三丁目で生まれ育っている。泰子さんが生まれたのは一九五七年六月のこと。BOACスチュワーデス殺人事件が起きたのは一九五九年三月。つまり被害女性が二人、同じ時期に同じ町に住んでいたのだ。時に泰子さん生後一歳九か月。BOAC事件の被害者、武川知子さん二六歳。同じ地域の空気を約2年間吸っていたことになる。何と奇遇なことであろうか。

だが、私が本当に驚愕したのは、殺された月日がともに三月九日であったことである。死因は二人とも首の圧迫による窒息死であった。もっとも厳密に言えば、知子さんの死亡推定時刻は三月九日午後一一時から翌一〇日午前四時の間ではあるが、それにしても単なる偶然とは思えない。

そして、東電OL事件ではネパール人が逮捕・有罪となり、横浜刑務所に収監されたのだ。のちに無罪放免となったが、共に外国人絡みの犯罪とされたことも共通している。

一本の電話、一通の手紙

前著刊行後、私には時間が経つにつれて気になったことがあった。それは重要参考人である神父の心の有り様である。二〇一四年一月に私と対面して以降、神父の脳裏には、間違いなく日本時代のことがいやが上にも駆け巡ったに違いない。具体的には武川知子さんのことである。夢枕に出たとしても不思議ではない。いや、枕元に知子さんの幻影が現れて愕然となり、寝汗をかいたかもしれぬ。このよみがえった記憶が、神父の心身に何らかの変化をもたらしたのではないか。私はそう考えるようになったのである。そしてその変化が、人生の幕引きに収斂されていったのではないか。

面会から三年後の二〇一七年、神父は九六歳で亡くなっていたのだった。知子さんが何者かに扼殺されたのと同じ、三月のことであった。

確かに面会時、神父は事件とのかかわりを尋ねた私の質問には答えず、自分は癌であり、もうじき死ぬであろうと何度も述べた。憐れみを乞い、その場を逃れたい一心だったのかもしれないが、本当に亡くなってしまうとは……。大往生と言える年齢ではあるが、このことに私は引っかかったのである。

なお、前著では神父の名前を秘したけれど、すでにウィキペディアでは実名で表記されている。ならばあえて名前を秘すこともあるまい。以降、本書では実名、ルイス・チャールズ・ベルメルシュを記すことにする。

さて、私が再びBOAC事件に向き合ってみようと思ったきっかけは、神父の死だけではない。一本の電話と一通の手紙を受け取ったことも、大きな動機となった。

前著刊行後、出版社の編集部を介して一本の電話を受けた。電話の主は元『婦人公論』編集長のMさんであった。Mさんは松本清張の『黒い福音』の編集担当であった。事件発生の年に創刊された『週刊コウロン』に連載されたもので、清張はすでに『点と線』や『ゼロの焦点』などのヒット作を放った流行作家であった。

清張はこのBOAC事件を扱った作品をきっかけに以後、実際の事件を題材にした『下山事件』『帝銀事件』等のノンフィクションを集め、『日本の黒い霧』を発表。後世に残る傑作をものしたのは、ご承知の通りである。

この事件に対する清張の視点は、個と個のいわば男女の関係にとどまらず、その背景にある大きな権力、組織に着目していた。それがサレジオ教会の〝闇〟だ。

当時、海外ではスチュワーデスを利用した犯罪が実際に起きていた。場所から場所に移動する仕事であり、国をまたぐこともある。通信手段の未発達な時代、彼女らが伝令となって何かと何か、誰かと誰かを結びつけることが、裏の世界で行われていた。この中で、組織の闇を知ったがためにスチュワーデスは葬り去られた、という見立てであった。これは連載時から人気となり、単行本となるや映画化、さらにドラマ化され大ヒットに繋がった。私もその頃読んだのである。

Mさんは連載当時、清張の求めに応じて事件を扱った新聞、雑誌をかき集めた。さらに神父が所属していた教会周辺を歩き、カトリック関係者から話を聞きだす。

当時、教会にはアメリカから、砂糖、小麦粉、粉ミルク、バター、ジャム、缶詰のほか、靴、毛布などの物資が集められていたという。これらは日本の戦争孤児、引揚者、病人など社会的弱者に向けた救援物資だった。この一部が闇ルートで横流しされている情報を掴む。横流しで得た資金は、教会の復興に充てられていた。闇ルートへの仲介に一役買っていたのはヤクザもどきの人物だったが、Mさんは危険を承知で体を張って取材したというのであった。

さらにMさんは、被害者・武川知子さんの司法解剖の結果、胃の内容物に松茸があり、清張の指示で松茸を売った店を苦労の末、探し出した。

これらのデータを持参して東京・上石神井にあった当時の清張邸に届けると、清張はいたく感心し、Mさんを共同取材者として認めたのだった。この事件の取材経験が生かされ、のちにMさんは、雑誌『海』や『婦人公論』の編集長を歴任した。

そして清張の晩年のことである。海外を舞台としたミステリーの執筆にあたり、清張自身から再びご指名を受けたという。「『黒い福音』の初心に戻って、ぜひヨーロッパに取材してきて欲しい」という申し出であった。しかしまだ現役の編集長であったMさんは多忙で時間がとれず、調整中であったところ、清張は病に臥した。結果、作品は幻となったという。

清張にとって、何よりMさんにとって記念碑的な作品が、『黒い福音』であった。したがってMさんは拙著を読み、懐かしさも手伝ってか、編集部を通じて私に電話をかけてきたというわけであった。

Mさんは私が神父と面会してきた件《くだり》を読み、「まだ生きていたんですか!」と半信半疑の声をあげたが、若き頃のことが思い出されたのか、語り口は軽かった。

Mさんからの電話に続き、私宛に一通の手紙が届いた。文化放送の元アナウンサーのSさんからだった。Sさんは一九五九年のフジテレビ開局時にニュースキャスターを務めた方であるが、これは文化放送が親会社の一つであったからだ。そのままフジテレビに移籍も可能だったが、Sさんご自身の希望もあって、関連の『週刊サンケイ』編集部へ出向したのだった。ここで後に私と同じ職場となったわけである。

Sさんの手紙では、神父が所属していたサレジオ教会は、文化放送の母体であったという。「株式会社に改組以前、財団法人のJOQRは前身をセントポール放送協会といいます。ドン・ボスコ社やベルメルシュ神父とも深くかかわりがありました」と記す。

ウィキペディアによると、カトリックの布教を目的に、聖パウロ修道会は一九五一年、財団法人日本文化放送協会を設立した。「日本文化の向上を図るとともに真善美の理想と正義、人道を基調とした（略）国家の興隆と民族の繁栄（略）」を謳っていたものの、放送内容の偏向が問われ、その結果、財界が乗り出すことになった。これにより聖パウロ修道会と聖パウロ女子修道会は放送事業から撤退。一九五六年二月、株式会社文化放送が新たに設立された。BOAC事件の起きる三年前のことだった。

後に文化放送はニッポン放送とともにフジテレビの設立に出資し、フジサンケイグループの一員となるが、聖パウロ修道会は現在も同社の筆頭株主という。

Sさんの手紙の文面を続けよう。

「社内食堂は『トリノ』という名前でした。丸瀬利能（マルチェリーノ）氏も経営者の一人で、黒衣の処女ともいわれたアスピラントは同僚でした」

アスピラントがどういう人物かはさておき、ベルメルシュ神父は女性に人気であったらしい。その噂は文化放送内まで鳴り響いていたという。外国人特有の幼く話す日本語が可愛く受け止められて、外見のハンサムさとのギャップもあって女心をくすぐったのだろうと解説。まして、神に仕える身であり、常に雑誌『カトリック生活』を小脇に抱えていた穏やかな振る舞いに加え、スラリとしたスタイルだ。少し苦味走ったいい男、そんな神父に女性の方がモーションをかけるのも仕方あるまい、という。

ＢＯＡＣ事件とその時代

Ｓさんは**ＢＯＡＣ**事件を、「日本の立場の弱さを世界に露呈した事件」と皮肉交じりに解説した。事件について簡単におさらいしておこう。

一九五九年三月一〇日午前七時四〇分ごろ、東京・杉並区大宮町の善福寺川宮下橋下流五〇メートルで女性の水死体が発見された。高井戸警察署の調べによると、女性は世田谷区松原町三丁目の武川知子さん、当時二七歳。ＢＯＡＣ（英国海外航空）のスチュワーデスであった。知子さんは三月八日から、叔父（高橋五郎）の誕生日会に出席のため下宿を出たまま、行方不明になっていたのである。

●極秘入手!!
特別資料
スチュワーデス殺人事件
捜査報告書
ベルメルシュ神父はシロかクロか? 不可解な終末を告げた事
武川知子さん殺し
事件を伝える記事。『週刊現代』（昭和 49 年 5 月 16 日号）より

捜査の結果、重要参考人としてサレジオ教会の神父が浮上した。けれども教会側の防御により、なかなか捜査は進まない。これをマスコミが書き立てたことにより大きな話題となった。

警視庁は極秘で神父の事情聴取を数度に渡って敢行した。しかし神父はほとんど黙して語らず、警視庁は引き続き聴取を行う予定にしていたところ、突然、神父は病気療養を理由に母国ベルギーに帰国してしまった。

以来、治外法権の壁に阻まれてこれ以上捜査ができず、事件は事実上、迷宮入りとなった。連日センセーショナルに発信を続けていた日本のマスコミはピタリと報道をやめ、神父のその後を追ったものは皆無に近かった。

ミステリー界の巨匠、松本清張はこの事件を題材にした『黒い福音』を世に発表。事件と同様に神父の帰国でこの小説は終わっている。

その頃、まだ高校生の私も、何かすっきりとしない気持であったことをよく覚えている。

ここでBOAC事件の発生した一九五九（昭和三四）年当時の世相にも触れておこう。

当時の首相は岸信介。戦後最長の政権に就き、銃撃された安倍晋三・元首相の祖父にあたる人だ。岸は翌年、安保改定をめぐる大混乱の責任を取り辞任する。

海外に目を転じれば、アメリカの四九番目の州として正式にアラスカが合衆国入りしたのもこの年であった。

日本の街では、けたたましい音を響かせてオートバイで走り回る「カミナリ族」が出現したのがこの年であった。私の兄はまさにカミナリ族のはしりで、まわりから顰蹙を買っていたものだった。

民間のテレビ局は日本テレビ、TBSに続きフジテレビも開局されたけれど、一般庶民にまでテレビは普及されておらず、せいぜい街頭テレビぐらい、まだまだラジオが主流を占めていた。当時ラジオから流れていたのは、ペギー葉山「南国土佐を後にして」、フランク永井と松尾和子のデュエット曲「東京ナイト・クラブ」、さらに水原弘の「黒い花びら」などの流行歌である。

高度経済成長のさなかにあって、スポーツは国民的娯楽であった。大相撲は栃錦と初代若乃花の両横綱がほぼ交互に優勝を競う「栃若時代」で、黄金時代を迎えていた。プロ野球界では長嶋茂雄がデビュー二年目で首位打者を獲得。天覧試合でのサヨナラホームランで、国民的スターの座に上り詰めた。高校球界では四国の西条高校が甲子園で日本一となり、さらに実業団（都市対抗）野球では丸善石油（松山市）が優勝。「南国土佐〜」の歌と相まって四国ブームとなったのも昭和三四年のことであった。

だが、何と言ってもこの年の特筆すべきことは、皇太子（現上皇）と美智子妃殿下（現上皇后）のご成婚であろう。初の民間出身の妃殿下としてミッチーブーム（美智子さまの愛称より）が巻き起こり、四月一〇日の祝賀パレードは約五三万人の見物人を集めたという。このパレード見たさにテレビの普及が一気に進み、ＮＨＫの受信契約は二〇〇万件を突破した。

そしてこのご成婚の一か月前に、ＢＯＡＣスチュワーデス殺人が起きたのだった。

当初は自殺とされた被害者

当初、被害者の武川知子さんは自殺と認定された。検視の結果、体に乱暴された跡がなかったからだという。

当時の警察の報告書によると、周囲の状況を調べたが異常は認められず、死因は溺死と推定。死体を堤防上にあげ、衣類を脱がせ、身体の各部を見たが、両下腿前部に若干他の物体に擦れたような状態に皮下出血のあった他は全然外傷等はなく、眼瞼にも溢血点は認められなかったため自殺と判断し、東京監察医院に連絡した、という。午前一一時、井出監察医により死体の検案が行われ、死因は溺死と認められた、とのことである。

とんでもない誤りである。「若い女性の遺体で、乱暴された跡がないということは自殺である」という先入観があったと思われても仕方のない杜撰さだ。

半世紀以上前の警察は、まだ戦前のような高圧的な取調べが行われていたり、科学捜査も未発達で杜撰な面もあったと言われているが、自殺と他殺では天と地の違いである。

ただ今日でも、自殺に見せかける他殺事件は珍しくない。自殺か他殺か、あるいは単なる事故かで揉めるケースもある。私が直接取材した経験がある事件は、朝の通勤ラッシュ時に起きたホームからの転落による轢死であった。

その事件では、後ろから何者かに押された、いや自ら線路に飛び込んだ、あるいは瞬間的に眩暈が生じて線路に転落したなど、遺族と鉄道会社側、さらに目撃者らによって言い分が異なっていた。結果、電車の運転手、乗客らの証言により、自ら線路に飛び込んだ自殺とみなされた。遺書のないのは、残された家族のことを考えて事故に見せかけた自殺だったのでは、との声も聞かれた。

やはり私が取材して記事にした中で、さらに忘れられない強烈な事件があった。関東にある大学の元学長による、事故に見せかけた自殺行為である。

元学長夫婦は老後の楽しみにと、東京の空の旅をヘリコプターで一周するコースを申し込む。そして飛行中、いきなり操縦士の首を後ろから締めあげたのだった。副操縦士もいて、機内でしばしもみ合いが続く。が、元学長はかなわぬと諦めて、ヘリコプターのドアから妻と共に飛び降りてしまった。もしヘリコプターが墜落していたら、事故として処理されたのである。ヘリコプター会社に取材したが、「ゾッとした」という言葉はいまだに耳に残っている。事故として処理されれば、莫大な費用を遺族に支払わなければならないからである。

ＢＯＡＣ事件に戻ろう。

知子さんは自殺と認定されたものの、親族からの「自殺に思いあたるふしがない」という申し出により、あらためて遺体は慶応大学病院に移管された。

知子さんの遺体は三月一一日午前一〇時から、慶応大学法医学の船尾教授執刀のもとに解剖が行われた。解剖所見としては、「左右側頭部筋肉組織内に四か所、甲状軟骨部組織内に一か所の皮下出血」「頭の軟部組織に多数の溢血点」「肺右心室に三個の溢血点」「溺死の診断であるプランクトン検査では、肺の洗浄液より少量発見されたのみで他にはなく、気管支内にも水はない」。

以上の所見から、死因は溺死とは認められず、頸部圧迫による窒息死か、頸部に圧力が加わったためのショック死の疑いが濃厚であるとの結論が出された。

警察の見立てとは全く異なっている。

死亡推定時刻は九日午後一一時より一〇日午前四時の間、血液型はOMN型と判明。胃の内容物は、食後推定三時間~五時間くらいの経過で、ほとんど未消化の松茸、たけのこ、さやえんどう、グリンピース、白菜の片、日本葱、卵の白身と黄身とおぼしきものの等が混ざって、一五〇ccあった。

なお、警視庁科学検査所において、被害者の膣内付着物及び死体発見の際着用していたパンティの検査を行ったところ、膣内付着物から若干の精子頭部が発見され、血液型はO型または非分泌型。パンティの局部付着部位にも精液付着の反応があり、A型またはAB型の反応のあることがそれぞれ判明した。精子頭部及び精液の付着状況から、三月八日以降、男性との交合のあったことがほぼ推定された、というのである。

精子から判明した血液型の一つはO型。そして精液から判明したもう一つがA型かAB型。そうなると、少なくとも二人の男性と性的接触があったことになる。

三月八日から遺体発見までの約二日間で、知子さんは少なくとも異なった男と肉体関係があった――このことが週刊誌で大々的に報じられ、この事件が世間から好奇の目を集めることになってしまった。

〝尻軽女〟という被害者像

一体、知子さんはどんな育ち方をしたのであろうか。

武川知子さんを一言でいえば、「良いところのお嬢さん」である。残された顔写真および全身像、さらに取材から浮かび上がる人物像を総合すると、楽天的な性格の、ちょっぴりコケティッシュな雰囲気の持ち主と私は見ている。辛辣な言葉を承知の上で言うならば、貞操観念が薄く、その場の感情や気分に任せて、自分から好意を匂わせながら好みの異性に近づく、そんなタイプであったかもしれぬ。

週刊誌記者時代、女子刑務所を取材したことがあった。刑務所の門のアプローチには花がきれいに植えられており、男子刑務所とは違う雰囲気であったことを覚えている。

取材した刑務官曰く、「(女囚には)キレイな人が多い。艶っぽい女性、性的な魅力の人が多い気がします」と声を潜めた。そして、こういうタイプは犯罪に巻き込まれるケースが少なくない、という。まかり間違えば男から憎悪を買ってしまい、犯罪に発展するからである。

この時の記憶が、知子さんのタイプに重なった。

知子さんは一九三二（昭和七）年二月二七日、兵庫県芦屋市若宮町で次女として生まれた。地元ではお嬢様学校と言われた神戸の聖心女学院（現小林聖心女子学院）を卒業。近くにも私立のカトリック系の神戸女学院があったものの、遠い聖心に通った。より品格の高い学校を両親は選んだのである。

終戦直後でどの家庭も貧しかった時代である。間違いなく一般庶民とはレベルの異なる階層であった。父親はゴム会社を経営していた実業家だった。東大出身で、後に西宮市立図書館の館長を務めた人物という。

知子さんは高校を卒業後、上京して聖母女子短期大学（東京・下落合）に入学し、高等看護学を専攻した。そして一九五三（昭和二八）年三月に卒業。卒業後はいったん実家に戻り、翌四月から神戸のカトリック系病院に看護婦として勤務した。

この病院に勤めていた頃、知子さんは患者の一人と仲が良くなり深い関係となった。相手の男性は大阪市の出身で、ひと回り以上も年上の四十代であった。二人の関係はたちまち病院内で噂となった。

もっとも患者と看護婦の関係は、時に恋愛に発展し結婚に至るケースも珍しくないが、知子さんの場合は年の差があり目立っていた。相手の中年男に妻がいたとしても不思議ではなく、あるいは夫婦仲の窮状を知子さんに打ち明けていたかもしれぬ。中年男はトラック運転手であり、芦屋育ちの知子さんにとっては別世界の人であったであろうし、興味と関心に加えて同情のようなものが働いたのかもしれない。やがて二人の距離が縮まり恋愛に発展したのだろう。

結果、知子さんは居づらくなって病院を辞めることになった。そして次の就職先は神戸市内の眼科医院。新しい職場を得たけれども実は、中年男と密かに交際は続いていた。

加えて、再び別の患者と関係をもつようになる。今度の患者は兵庫県庁の職員で、当時二七歳。知子さんは患者に寄り添う看護で、勘違いされて言い寄られたのだろうか。もちろん好みのタイプでもあっただろうが、無碍に断ることができず、ずるずると底なし沼にハマっていったに違いない。見方を変えれば、懲りずにまた新しい男――しかも今度は若い――を見つけ出し、深い関係になっていくという、男好きの一面を露呈させたのである。中年男との関係も終わらせることなく続いており、いわゆる三角関係を完成させてしまったのだ。

しかし三角関係はまもなく崩壊する。知子さんはデート時間の調整をミスったのか、警察の資料によると「偶然の鉢合わせ」とある。その結果、「若い男がビール瓶で中年男を襲った」というのである。

三人の緊迫した修羅場が目に浮かぶではないか。場所は行きつけの居酒屋だろうか、トラック運転手の中年男が、嫉妬のあまり乱暴な言葉を若い男に浴びせて面罵したのは間違いなかろう。慌てふためく知子さんの仲裁など役立たず、というより中年男に手で制されたかもしれない。その様を見た若い男は、アルコールの勢いも手伝ってか怒りが沸点に達し、テーブルに置いてあったビール瓶を手に取るや中年男に殴りかかったというわけであろう。

ビール瓶で殴るというのは映画やドラマではよく見かけるシーンではあるが、実際に私も目の当たりにしたことがある。

テレビ局社内の宴会の席上、ベテラン記者と記者歴の浅い男が隣り合わせとなった。報道の仕方をめぐって議論が白熱していたのだが、アルコールの癖がよろしくないベテラン記者は、「記者たるものは……」と大層な上から目線で説き伏せようとした。これに若い記者は反駁し喧嘩に発展、結果、ベテラン記者は行動に走った。そばにあったビール瓶で若い記者の頭を殴ったのである。

殴られた記者の頭からは血が滴っていたが、頭の場合は血が出る方がいい、と言われる。血が出ないのはむしろ危険、脳内出血の恐れがあるからといわれていたので、救急車は呼ばず周りが手当てをした。むろん一一〇番はしなかった。

殴ったベテラン記者は報道から飛ばされて資料室へ。抵抗せず、やられるままになっていた若い記者はその後順調に出世し、報道局長にまでなった。

さて、知子さんの話に戻ろう。当然のことながら中年男の頭からは血が滴り、店側から警察に一一〇番が入り、傷害事件となった。喧嘩の原因はもちろん知子さんを巡る男同士の諍《いさか》いだが、それにしても芦屋の育ちのお嬢様がいとも簡単に男に走るのは、どうしてだろうか。

生来の性質もあろうが、育った環境も大きいだろう。知子さんは小学校から短大までずっと、ミッション系の女子校で学んだ。なにしろ当時のミッション系学園は男子禁制であり、唯一、クリスマスの日だけは父や兄の家族が講堂に入ることが許されたという。当時の雑誌を紐解くと、毎年行われる学園祭で他校の生徒は男女で肩を組んで騒いでいるのを、「羨ましかった」という声も多く聞かれた（河上豊「カトリック・その掟と人の掟」『日本』一九五九年八月号）。

「大きな声を出してはならぬ」「言葉は丁寧にせよ」「礼儀は正しく」は当たり前で、規律を破った生徒の母親は学校に呼び出されたという。「あなたのお子さんは悪魔の手先だ」といきなりシスターの言葉を浴びせられたが、どんな規律破りをしたのかといえば、教室に映画雑誌を持ち込んでいたというだけの理由であった。女子生徒は、ある女優のファンだった。シスターがその女優の写真を見て、さらに激怒した。過去に結婚・離婚を繰り返していたからだ。「悪魔の手先」と断罪したのには、そうした理由もあった。母親は「まるで魔女裁判の如し」と漏らしていたという（前出）。

知子さんはこのような学園生活に加えて、男兄弟はなく姉一人であり、男に対する〝免疫〟はほとんどなかったのではないか。そのような無菌状態から卒業して自由の身となり、タガが外れて、これまで溜め込み抑圧された心の動きが一気に噴き出たのではなかろうか。

当時の週刊誌の記事を覗いてみる。

「（略）十八も年上（筆者注：実際は二十歳以上）の中年男と交際し、幼な馴染と浮気し、別の患者とも肉交している。その上、その中年男と、患者氏とは、彼女をめぐって、刃傷沙汰に及んだこともある。」（『週刊新潮』昭和四九年一月三日号）。

この記事を書いたのは週刊誌の草創期にトップ屋といわれ、後に流行作家となった梶山季之である。こういった記事を読んだ当時の読者が、知子さんに〝尻軽女〟というレッテルを貼ったとしても不思議ではない。

上京と出会い

さて、知子さんは三角関係を解消すべく心機一転、関西から東京へ引っ越したのだった。もちろん、両親の強い勧めによるものだ。特に明治生まれの父親は、色恋沙汰を厳しく忠告したに違いない。

知子さんは上京後、カトリック信徒の叔母（山本とよ）のコネにより、新しい職場を紹介された。それが東京・鷺宮にあった聖オデリヤ・ホーム。ここで看護婦として働くことになった。一九五七（昭和三二）年夏のことであった。

「勤務状況は、教養もあり、非常に明朗で、良家に育ったわりに仕事を嫌わず気軽に働いていたため、シスターの信頼も厚く、同僚間の摩擦も感じられず」と「特別資料・事件捜査報告書」（『週刊現代』昭和四九年五月一六日号）に記されている。

関西時代の〝尻軽女〟の片鱗さえ見せず、仕事を終えると、夜間の料理学校や和裁学校に通学する勤勉さであったという。この様子を叔母から伝えられ、両親はホッと一安心であったであろう。

被害者の武川知子さん
（左から５人目）

被害者の武川知子さん（右から３人目）

まもなく両親から見合い話が持ち込まれた。しかし知子さんはこれを拒否する。実は三角関係は解消したものの、傷害事件の一方の男、県職員とまだ関係が続いていたからである。警察に御用となったものの、元々は知子さんを愛するがゆえの行為で、中年男とはおさらばして県職員を選んでいたのだった。休みの日には県職員が上京し、箱根など関東近郊に泊りがけの旅行をしていたという。よほど知子さんにぞっこんであったのだろう。この時点で知子さんの方も真剣に結婚を意識していたはずだ。だからこそ料理や裁縫を習っていたのである。

　しかし父は、「傷害事件の男との結婚」に断固反対した。傷害で逮捕された男である、カッとなりやすい性格であり、結婚したとしても何かのトラブルで喧嘩となればば、ビール瓶で殴られる恐れは常にある。明治生まれの父がそう考えるのも無理はなかろう。

結果、知子さんは父との軋轢で悩み、誰かに苦しい胸の裡を打ち明けたい、相談したいと思っていたに違いない。そんな時期に登場したのが、ベルメルシュ神父であった。

知子さんは当時、「結婚を前提としてはいないけれど、いろいろなことを相談できる人ができた」と聖オデリヤ・ホームの保母や他の看護婦に嬉しそうに話していたという。

さらに知子さんの心が神父に傾斜していくことになったのは、叔父から持ちかけられた、BOACスチュワーデス応募の話である。この叔父・長谷川五郎は、BOAC日本支社長を務めていた。一九五八（昭和三三）年八月のことだった。

当時、スチュワーデスといえば女性の憧れの職業。才色兼備の花形である。知子さんは「なれるものならなりたい」と思ったに違いない。しかし必須の英語は苦手だ。このことを神父に相談すると、「チャレンジしたら？」と背中を押され、英語のサポートを首肯してくれた。なにしろ神父は帝都育英英学院で英語教師の経験があったからだ。これで一気に、憧れが現実味を帯びてきたのだろう。料理、和裁をきっぱりとやめて、英語を高田外語学校と野方英語塾で習い始めた。

この頃、関西時代から関係の続いていた県の職員と直接会い、今後について協議した。カッとなる男性の性格を知っていたからであろう、一方的に別れを切り出すのではなく、知子さんは男性と穏便に話し合ったという。「まだ家庭には入りたくない、夢を追いかけたい。それぞれの道を歩みましょう」と伝え、男も納得して二人の関係は解消されたのだった。

こうして知子さんの人生は、神父との出会いにより大きくハンドルが切られたのであった。

「好色」な神父

一方の神父である。本名をルイス・チャールズ・ベルメルシュといい、一九二〇（大正九）年七月一七日、ベルギーのアウデンブルグ・ウエストケルクで、広大な土地を持つ農家の六人兄弟の長男として生まれた。生地の北には、今では観光地として有名なナポレオンの要塞がある。このアウデンブルグ地域は静かな田園風景が広がっているけれども、田舎というほどではなく、ホテルも少なくない。首都のブリュッセルからもそれほど遠いわけではない。そもそもベルギーは九州ぐらいの広さしかないのだ。

ベルメルシュ神父の日本時代。
左から3人目

ベルメルシュ神父（新聞紙上より）

ベルメルシュ神父に家業を継ぐ心算はなく、哲学や日本の神道に関心を抱くようになる。世俗的なことより、人間とは、生きるとは、といった根源的なことを思索するのが好きなタイプの人物だったと思われる。書物や写真を見て遠いアジアの日本にミステリアスな感情を抱き、好奇心を寄せていたのだろう。神道への関心は宗教への目覚めへとつながり、やがて聖職の道へ進んだと思われる。故郷ベルギーのカトリック教会に入り、希望により日本のサレジオ会に派遣された。

一九四八（昭和二三）年五月八日、二八歳の時に来日。一九五三年五月一四日に司祭の資格を得ると、ドン・ボスコ社の会計主任となった。これは、教会の財政面の責任を一手に担う重要なポストであった。と同時にドン・ボスコ社発行の雑誌『カトリック生活』の編集にも携わる。さらに日曜日ごとに聖オデリヤ・ホームのミサも担当する多忙ぶりであったという。それだけ仕事ができたという証しであろうか。

この聖オデリヤ・ホームでは、保育士や看護師などの女性が多く働いていたらしい。ベルメルシュ神父はミサのない日も頻繁に自家用車のルノー（五六年型グレー色、5り0722）でこのホームにやってくるのが常であった。

ちなみにミサとは、キリストが十字架にかかる前の晩、弟子たちを集めて葡萄酒とパンでいわゆる最後の晩餐を行ったが、その葡萄酒とパンをキリストの血と肉として祈念し、信仰のかてとする儀式である。ミサを行うときは前の晩の一二時以後、食事はもちろんのこと、お茶も一滴の水さえも口にしないという戒律となっている。

このホームで神父はなかなかの〝有名人〟であったのだ。彼は聖オデリヤ・ホームで、さまざまなエピソードを残している。

「保母が盲腸炎になり聖母病院に入院中、神父が見舞いに訪れた。横になって寝ていた保母の下半身に布団の下から手で触ろうとした」「神父に相談に来た看護婦が、話の途中に部屋の電気を消されキスをされた」「倉庫で書物を探している保母が突然、神父に右腕を掴まれて引き寄せられた」などなど。

今ならセクハラとして訴えられる事案ばかりだ。「清貧、貞潔、従順の厳しい戒律のある神父にあるまじき行動」と、警察の資料（捜査報告書）は記している。

神父は多忙のなか、愛車のルノーを駆って女性の多いホームを訪ね、彼女たちとの〝交流〟に励んでいたというのか。異国の地に単身赴任してきた寂しさもあったろうが、この好色ぶりはいかにも軽い。神父にとってはシリアスな感情に基づく行為ではなく、半ばジョークを伴った〝ちょっかい〟にすぎず、相手の反応を見て喜んでいたのかもしれない。もし本気モードとなれば、神父の職を捨てなければならぬことぐらいは知っていただろう。あたかも善と悪の狭間の細い道の上を歩くように、スリルを楽しんでいたに違いない。

そしてこういった神父の行為の背景には、当時の在日欧米人が特権的な立場にあったこともあるだろう。今でも日本人は西洋人コンプレックスから抜け切れていないところがあるが、六〇年以上前、敗戦国日本にやってきたベルギー人聖職者が、小柄で従順な日本人に崇め奉られ、自尊心をくすぐられないわけがない。その状況下で目の前に「女性の園」があるのだ。男性として、ある種の全能感を彼が抱いたとしても不思議はない。

また当時は、セクハラという概念すらもなかった。一般企業などでも、今では完全にアウトなセクハラ行為が横行しており、私は何度も目撃した。若い女性の尻をなでたり、手を握ったり、背中を揉んだりする行為は、決して珍しくなかったのだ。神父の行動も、女性たちの間では深刻に受け取られず、いわば井戸端会議のネタ程度で済まされていた。

この環境が、いささか好色の気がある彼を増長させたであろうことは、想像に難くない。そして彼は、超えてはいけない一線に接近していくのであった。

二人の出会いと思惑

神父は警察の調べに、知子さんとの出会いを次のように述べている。

「昨年（昭和三三年）七月、両国の花火大会に行った頃、オデリヤ・ホームのシスターから紹介されて知った。その後二、三回、ド社（ドン・ボスコ社）のカトリック関係の書籍等を買いに出入りし、色々身上の相談を受けるようになり、昨年の一一月末か一二月初め頃、二回西武線下落合駅で逢い、一回はドライブをし、一回は高田馬場で映画を観た。スチュワーデスの試験を受けるについても相談を受けたので賛成した」

「高田馬場で映画を観た」というけれども、一体どんな映画であったのか。気になって調べてみた。

当時上映していた洋画と邦画をリストアップすると、まずアメリカ映画、アーネスト・ヘミングウェイの原作を映画化した「老人と海」。ウィリアム・ワイラー監督の西部劇

「大いなる西部」。イタリア映画の名作でピエトロ・ジェルミ監督の「鉄道員」。そしてフランス映画で巨匠ルイ・マル監督のデビュー作で人気女優、ジャンヌ・モローが出演した「死刑台のエレベーター」。邦画では黒澤明監督「隠し砦の三悪人」、市川崑監督「炎上」など、この年は傑作ぞろいであった。

『カトリック生活』の映画「間違えられた男」紹介記事

　神父はフランス語がネイティブであったことから、知子さんと一緒に観たのは「死刑台のエレベーター」であった可能性が高い、と思われる。完全犯罪を目論むミステリーである。何やらＢＯＡＣ事件を彷彿とさせるではないか。

　実は神父が日本時代にかかわった雑誌『カトリック生活』に、サレジオ教会が推薦する映画が掲載されていた。昭和三二年に世界各国から二〇本を厳選しリストアップしているなかでもイチオシだった映画は、「間違えられた男」というアメリカ映画（ワーナー）であった。誌上には次のような紹介文があった。

「善良な一市民が犯罪者に似ていたために罪人の汚名をきせられてしまう。しかも皮肉なことに、筆跡もそっくりで、アリバイもあやふやと、すべては彼にとって不利なことばかり。追い詰められた人間の心理を表すには最適なストーリー、しかも実話である。」

この概略を記したのはベルメルシュ神父かもしれぬ。なぜなら神父はバルバロ編集長をサポートして副編集長的な発言力もあり、劇や映画好きの側面があったからである。

さて、映画デートの後、二人は急速に親しくなっていく。知子さんはカトリック関係の書物を探すためドン・ボスコ社へ赴き、そこでこっそりキスをするような仲となった。

そしてまもなく、知子さんはスチュワーデス試験に挑戦することになり、神父は英語試験対策のサポートを引き受ける。これにより二人の距離は更に縮まった。知子さんにとって神父の存在は、相談相手であり、英語の先生であり、恋愛対象でもあったろう。

一方の神父にも、知子さんを教会のために「利用」しようという下心があったと思われる。

情報通信網の未発達な時代である。この時代、スチュワーデスが〝伝令〟としてさまざまに利用された存在であったことは前述した。実際、香港―カルカッタ間のBOACスチュワーデスらが運び屋として司直の手にくだった件もあった。機長も含めて大掛かりに麻薬密輸に関与したからだが、もっと上手くやりさえすれば、金を稼げると考えたのかもしれない。

麻薬のようなリスキーではないものをターゲットにすればいい。あるいはモノは運ばなくても、情報だけでもネットワークが広がる。そう神父が考えていた可能性は十分あったであろう。

要するに、二人の思惑が合致したことで急速に親しくなったのではないか、と思われるのである。

合格と関係の深入り

神父は英語のレッスンが遅くなると、自家用のルノーで知子さんの下宿近くまで送ってくれたりした、という。

「ルノーがエンコして二人で車を押していた」という目撃談もある。大柄の外国人と日本女性だから目立っていた。神父のルノーが走ったであろう道を、私は実際に歩いてみたのだが、上がったり下がったりの緩やかな勾配で、当時の自動車の信頼性を考えたら、エンストも起こりうるかなとの印象を持ったものだ。

いよいよ、知子さんの試験本番が迫ってきた。

知子さんがＢＯＡＣの日本人スチュワーデス採用試験を受けたのは一九五八（昭和三三）年一二月一八、一九日の二日間。応募は数千人にのぼったという。たかだか三か月ぐらいの神父のサポートで、英語の実力が長足の進歩を遂げるとは考えにくい。知子さん自身、合格するとは思っていなかったようだ。

ところが、知子さんは合格した。宝くじに当たる確率というのは大げさにしても、数百倍の競争率を突破して合格者九人の一人に選ばれてしまったのだ。もっともＢＯＡＣ日本支社長を務める叔父の存在というアドバンテージがあって、高くて厚い壁を突破できた部分はあるだろう。試験は受けたとはいえ、コネ入社という側面は否定できない。

ともかく、合格通知を受け取った知子さんは舞い上がり、有頂天になってしまった。この時知子さんが周囲に語った、「まるでシンデレラになったよう」との言葉が残されている。

喜びを爆発させる知子さんはテンションが上がったのか、神父との関係も前進させようと思うようになる。まずは神父との合格祝いを兼ねたデートを計画し、そこで一気に歩を進めることを考えたのである。

デートはこれまでもドライブや映画鑑賞などを重ねてきたが、今度はそこから一歩も二歩も踏み込んだ領域に進みたい。いまや憧れの職業である国際線スチュワーデスの座を手に入れた。二七歳の妙齢の女性として、さらなるシンデレラ・ストーリーを歩みたい。そのためには神父との絆をさらに深め、それを足掛かりに人間関係を構築することだ——。

夢は間違いなく広がった。これまでのどろどろした恋愛関係を清算し、神父との出会いによってチャンスを掴んだのである。輝ける扉に手をかけたのである。扉を開ければ、輝かしい世界が自分を待っている……。

もちろん、幼き頃よりカトリック系の学校教育を受けてきた知子さんである、夢の扉の奥に入ることを神父は禁じられている、という知識は知っていたはずだ。しかも聖オデリヤ・ホームの同僚たちには、神父のことを「結婚を前提としてはいない」と話している。禁を侵しても自分にとっては関係ない。自分の人生設計を優先するがために神父を利用しよう、と考えたのであろうか。そしてデートの最中、躊躇《ためら》う神父に、「寒いから少し中で休んで話をしましょう。海外研修のアドバイスも聞きたいし……」などと、甘えながら縋《すが》ったのではないか。折しも一月の寒い日は絶好のタイミングだ。

何より、研修で日本を離れる日が迫っていたこともプランを後押ししたに違いない。まもなくロンドンへ出発、その間神父とは一か月以上も会えない。感傷的な気持ちも実行に拍車をかけたと思われる。

頑強に閉じられた紐を解く術に、知子さんは挑んだ。この作戦に神父は従うしかなかった。事ここに至って、生来の〝女好き〟の側面が頭を擡《もた》げたのかもしれない。

一九五九（昭和三四）年一月八日、二人は出会って約五か月後に禁断の門をくぐった。場所は東京・原宿駅竹下口の近くにあった菊富士という温泉マークの旅館である。

ちなみにこの原宿駅竹下口あたりには、戦前から明治神宮参拝客向けの旅館が点在していた。それが戦後、「連れ込み旅館」にかたちを変えて、今でいうラブホテル街の様相を呈していたのである。その後、オリンピック誘致活動と相まってこのあたりは文教地区に指定され、旅館の営業ができない地域となった。

宿の記帳に二人の名前は記されていなかったものの、白人と日本女性のカップルだから旅館の従業員がよく覚えていた。室内にはダブルベッドが設置されていた。二人はここで二時間を過ごしている。

一体この間、何をしていたのか――。神父は後に警察の事情聴取に「寒かったので休んだだけ」と言い、「ロンドンの研修の話に終始していた」と述べた。それ以外はなく、暗に肉体関係を強く否定した。この「寒かったので休んだだけ」の言葉は、知子さんが神父を連れ込み宿に誘う際に言い放ったセリフで間違いなかろう。

もう一度記せば、神父は異性との交遊を禁じられている。禁を破れば神父は失格者となる。私は、知子さんのセリフを受けて躊躇する神父は、自身に言い聞かせながらも知子さんに従い、男女の関係に進んだのではないかと推断している。

二人の関係の変化

この二時間のデートの具体的な詳細は、当然、二人以外にはわからない。だが、知子さんのリードですべてが進行したに違いない。怖気づく神父、言葉を失う神父に知子さんは、「二人だけのヒミツ」として「絶対に人に言わないから」と、歩を進めるプランを実行したのだろう。

知子さんとしては、神父を掌で転がすような気分だったろう。なにしろ四十代から二十代の男まで、同時並行で関係を持ってきたツワモノである。セクハラ気質があり、異性にちょっかいを出すことに手慣れた神父であったが、深い男女関係となると経験値は未知数。少なくともこの土俵では、知子さんのほうが何枚も上手だったのではないか。まだ二十代ではあったが、この手のデートではベテランの域に達する実績の持ち主である。

ここにきて、二人の力関係は逆転したのではないか。これまで、従順な日本女性の一人で、神父を仰ぎ見る信徒であり英語の生徒だった知子さんが、急に意思をもった一人の女性になったのだ。

彼女にしてみれば、自分の想定通りに事が進んでいることに満足し、勝ち誇った気分から、今までの関係性ではありえなかったような言葉を神父に対して口走ったかもしれない。今風の言葉でいえばマウントを取っていたという表現になるだろうか。

例えば、大胆に振る舞う知子さんに対し、神父の体が小刻みに震える様を「お子様ね」ぐらいは口走ったかもしれない。神父にとっては屈辱以外になく、大いに傷ついただろう。

さらにとどめのセリフを、知子さんは放ったのではないか。

「神父様と結婚はできないことは十分に承知している」

としながらも、

「あなたのようなハンサムな子供が欲しい」と。

神父の胸にグサっと突き刺さる、恐ろしい言葉である。

むろん悪気なんてない。育ちの良さに由来する邪気のなさで、関係を進めようとする最中、神父を揶揄し、試すようなことを言ってのけたのではないか、私はそう思っているのだ。

神父の立場になれば、知子さんの言動はこれまでとまるで違っている。自分が「下に見ていた」相手から今、自分の立場を決定的に損なうかもしれない行為を迫られている。尊敬の念などすっかり払拭されており、彼女は自分を踏み台にしか考えていないのではないか。自分はただ、この異国の地で後腐れなく〝火遊び〟を楽しみたかっただけなのに……。

要するに、この二時間のデートは、悲劇のどん底へ向かって動き出すきっかけとなったのではあるまいか。〝禁断の二時間〟で二人の目指す方向は、明確に別れたに違いない。かたや夢にあふれた輝かしい未来に。こなた誰もが恐怖におののく戦慄のプランに。

この場面に至る以前、二人の力関係は、知子さんのＢＯＡＣスチュワーデス合格後から変化し始めたと思われる。

合格直後は、「神父様のおかげです」と持ち上げていたであろう。これまでは神父の話に常に耳を傾け、逆らうなんてことは一切なく、忠実な信徒の振る舞いであった。当然、いくらデートをする関係であっても、「師と徒」の関係ならではの一定の距離感があった。

しかし合格後、自信を得た知子さんは、自分の意見を口に出して言うことが次第に多くなっていったに違いない。男に入れあげ、それが原因で地元を去った彼女のそれまでを思えば、誰もがうらやむ地位を手に入れた現在、自信を持つなというほうが無理だ。次第に態度は〝上から目線〟に移行していったのではないか。

当時三八歳の神父は、知子さんに対し大人の振る舞いを示していたであろうが、内心はいかばかりか。神父はヨーロッパの小国、ベルギーから、アジアの敗戦国、日本の教会に所属した。一方、知子さんは日本からヨーロッパ、しかもかつての大英帝国、イギリスの企業に所属することになった。社会的に言っても、二人の立場は逆転したということになるのかもしれない。

「女好き」の面が指摘されていた神父である。当初、ホテルに誘ったのは神父の方かと思っていた。一般的に、誘うのは男性が圧倒的に多い。まして一〇歳も年上である。

しかし冷静に考えれば、神父の方からわざわざ〝禁を犯す〟はずはない。まさに自殺行為であるからだ。知子さんの方から強引に誘ったのは、ほぼ違いなかろう。この手のホテルを利用するのは経験豊富、慣れていた知子さんである。

加えて彼女は、まもなく日本を飛び立つ。英国研修の期間、四〇日間も会えないのは寂しいとすり寄って、神父の腕を引っ張るように〝休憩デート〟に誘ったという、純粋に恋人同士の感情の発露もあっただろう。

二時間後、ホテルを出た知子さんは、完璧なまでに神父の弱みを掴み取ったはずだ。知子さんは、俄然優位に立った。これまで畏怖の念を抱いていたものの、それらは雲散霧消し、神父と信者との間にある高い壁は崩れ落ちたのではないだろうか。

やがて二人の間には、知子さんの言葉とその後の振る舞いに端を発した危険な〝芽〟が生まれ、育っていくのである。

恐怖から憎しみへ

知子さんは研修のためロンドンに飛び立つ。この間に、ベルメルシュ神父は結論を出す。知子さん不在の四〇日間、神父はあるプランを練ったと考えられる。

さて、知子さんは帰国後、何度もしつこく神父を電話で呼び出した。けれども神父は多忙を理由に電話口に出なかった。むろん、多忙ではなくあえて遠ざけていたからだろう。問題なのは知子さんの教会側への電話のかけ方である。ロンドン研修前は穏やかに丁寧な口調の話しぶりであったが、帰国後は違っていたからだ。神父の恋人気取りの如くタメ口を神父に浴びせ、男と女の関係であることを、あたかも周囲に誇示するしゃべり方に変わっていったらしい。事実、そうした知子さんの電話をする姿を見聞きしていた叔母の証言がある。

誰が見ても知子さんと神父の関係は、かつてのような相談者と神父のそれではなく、男女の一線を超えた雰囲気を周囲に醸しだしていた。一方の知子さんは、ロンドン土産をすぐにでも渡したいところ、五日間も都合がつかずとの返答に苛立ちを覚えていたから、言葉遣いも自ずと荒々しくなる。知子さんの言動は教会関係者の間で噂となり、間接的に神父に伝わっていた。

要するに知子さんは、神父の深奥の心理を理解できていなかった。気分が浮かれすぎていて自分のことで精一杯、相手の気持ちを斟酌する余裕などなかったのだ。育ちの良さがマイナスに働いたと言えなくもない、物事をあまり深く考えないという……。

こういった振る舞いに、さすがに神父も「ふざけるな！」と怒りの感情が高まったと考えられる。彼女の態度は、「二人の関係をばらす」だけでなく「あなたの子供が……」といった事態までも想像させるものであり、神父にとっては恫喝とも映ったのではなかったか。

「急がねば、自分の身が危ない……」

連れ込み宿での二時間のデートは神父にとって、魔が差した、というよりは、侮蔑と屈辱の末に怒りの芽を生じさせることになった。時間と共にそれは成長していく。上機嫌なセクハラ男だった彼は、今や女性関係で追い詰められ窮地に立たされている。だが、「身から出た錆」と自省するよりも、彼は被害者意識を抱き、やがてそれを憎しみに変質させていくのだった。

それにしても、〝禁断のデート〟はなぜ発覚したのか。調べによるとそれは、知子さんの叔父や叔母の証言であった。知子さんの「知人と原宿で会う」という言葉を手掛かりに、警察は原宿界隈の飲食店や旅館をくまなく探した。知人とは男性で、ひょっとすると連れ込み宿に入った可能性があるかもしれない……。警察の勘は図星であった。白人と日本女性、目立ったのが幸いしたのだ。

二人が連れ込み宿でデートをした三日後の一月一二日、知子さんはスチュワーデス業務の研修のため、ロンドンのＢＯＡＣ本社へ向け羽田を出発した。

研修を終えて帰国したのは一九五九（昭和三四）年二月二七日のこと。ロンドン土産の革手袋を渡そうとするも神父は多忙を理由になかなか会おうとせず、ようやく知子さんがプレゼントを手渡したのは、帰国から一週間後の三月五日であった。

この時点ですでに、神父の心がガラリと変わっていたことがわかる。すでに神父の変化に知子さんは気がついていたかもしれない。機嫌が悪いのは、一月の〝デート〟のせいであったかもしれないと。

それから三日後、知子さんは叔父の誕生日会に行くと言って行方不明となり、さらにそれから二日後に遺体で発見されたのだった。

つまり知子さんは、神父と出会って約五か月で褥《しとね》を共にする仲となり、八か月後に何者かによって扼殺されてしまったわけであった。

第2章　残された謎

知子さん、遺体で見つかる

私は二十代の頃、知子さんの遺体発見現場を何回か訪れたことはあったが、あらためて訪ねたのは二〇一三年春のことであった。

この時、思わぬ発見をした。事件当時の新聞では、通勤で通りがかった人物の目撃で警察に通報となっていたが、それよりも早く、知子さんの遺体の存在に気付いていた人物に出会った。つまり第一発見者を見つけたのだ。毛塚正夫さんである。

毛塚さん宅は五〇〇坪以上の広い敷地を有している。善福寺川に面しており、竹林が生い茂っていた。四代目という毛塚さんが言う。

「中学一年の頃だ。朝起きると竹やぶに入って裏の川にむかって小便をするんだ。あの朝

現在の遺体発見現場（善福寺川）

もそうだった。ところがいつもと違い、川にヘンなものがあったんだ。女が仰向けで寝ていたんだよ」

　午前七時少し前のこと。けっきょく、正夫さんは弟（和夫さん）に「川にヘンなものがあるぞ」と言っただけで気にもとめなかった。弟の和夫さんが言葉を繋ぐ。

「当時、松の木小学校の四年生だった。この朝は学校で当番だったから早く行かなくてはいけなかった。当番は教室にあるストーブに石炭を入れて火を起こす。時間は朝七時を少し過ぎた頃かな。川に見慣れぬものがあった。何だろうと近づくと、ぬいぐるみかマネキンのようなものが川に横たわっていた。

そばに落ちていた石ころを拾って、投げつけたんだ。当たらなかったよ。でもここでぐずぐずしていると学校に遅れちゃうからね、そのまま学校へ行った。別に気にしていなかったので誰にも話さなかった。帰ってくると黒山の人だかりにびっくりしたことを覚えているよ」

ここで知子さんの遺体発見の状況を、捜査報告書よりあらためて確認しておく。

【現場の模様及び死体の状況】

（略）死体の発見された場所は、大宮公園内大宮八幡神社正面大鳥居前から永福町、松ノ木に通ずるバス通りを松ノ木町方向に七十メートル北行して西から東に流れる幅一一メートルの善福寺川に架けられた宮下橋を渡り、同橋のたもとをすぐ右折、堤防上にある幅一・五メートル位の道に沿い百三十一メートル川下に降りた水中で、被害者は、グリーン色ツーピースに靴はなく、足底の擦り切れたナイロンの靴下を穿き、右手を顔に、左手には金メッキペックステンレス精工大型黒バンド付き婦人用腕時計を嵌め、胸部に上げ頭部を下げ下流護岸寄りに位置して、仰向けに倒れ、後頭部、両腕部、背部、腰部、膝下足部を水に浸け顔面部、手、胸部、大腿部は水面上に露出していた。

この川の水深は宮下橋下の一番深い所で六十センチ位、死体のあった付近は二十センチないし三十センチ位で、流れはゆるやかである。

着衣の状況は、ツーピースの下に人絹ブラウス、白人絹シミーズ、ブラジャー、コルセット、白メリヤスパンティに靴下を穿きコルセットの靴下吊は正確に靴下にとめられ、服装の乱れは全然認められなかったとのことである。

遺体は川に放り投げられた格好であったが、現場を見て言えるのは、岸から放り投げたとはとても考えられない。たとえ犯人が大柄で力強くても、岸から成人女性を投げることは絶対無理だ。したがって犯人は知子さんを抱えて水深三十センチの川に入り、ある程度進んでから、毛塚さんの土地側に向けて投げ捨てたことになる。当然、犯人のズボンは、少なくとも膝頭までずぶ濡れであったと思われる。まだ三月初旬、川の水は冷たかったであろう。

凶行後の犯人の心理、「土と水」の違い

そもそも遺体を現場にそのままに残す場合を除き、殺人事件における遺体遺棄は、大き

く二つに大別される。一つは土に埋める場合。もう一つは川や海に投げ捨てるケースである。

私は事件記者として、警察及び犯罪心理学者や司法解剖医などに話を聞く機会があった。彼ら専門家によると、犯人が遺体を川や海に投げ込むのは、被害者に対して強い憎悪を伴う場合があり、いわば冷酷さが特徴という。これに対して遺体を土に埋めるのは、まだ情けが残っている、とのことである。なんとなく理解できるように思うが、実際の事件を見てみよう。

まず「土」の例だが、一九七一（昭和四六）年に起きた大久保清事件である。多くの女性が暴行された後に扼殺、地中に埋められた連続殺人事件だ。犯人の大久保清は、ベレー帽をかぶりロシア風ルパシカを身につけ、詩人気取りで若い女性に近づく。白い車を使って誘うと、いとも簡単に女性たちは車に乗り込んできた。当時、車はステータスシンボルであったからだ。被害者は、そろってロングヘアの女性だった。犯人の好みであったらしい。

そして強姦後、身元がバレることを恐れて自らの手で扼殺。被害者は合わせて八人に上り、すべての遺体を群馬の山中へ埋めていたのだった。阿部定事件と同様、首を絞めながらの性行為を求めたのではないか、との噂も流れた。

犯人は肉欲だけが目的で、被害者に対する怨恨、憎悪などはまったくなかった。ちなみに犯人はその後、絞首刑にされた。

このケースはあまりに無慈悲で衝動的な犯行だが、それゆえに祟りを恐れるような心理が働き、遺体を土に埋めたのだろうか。八人という被害者の多さと連続性からは、犯行への依存性のようなものも見て取れる。最大の動機はやはり、犯行を続けるために、少しでも見つかりにくい「土に埋める」という処理を選んだものと思われる。

記憶に新しいところで、「土」のもう一つの例――。

衝撃的事件が起きたのは二〇二二年六月のこと。北海道帯広市の公園の熊笹が生い茂る雑木林で、「土をスコップで掘って遺体を埋めた」という事件である。

犯人は妻子ある三五歳の現役高校教師。女性の被害者は別の高校の現役英語教師。こちらも家庭持ちで、女性の方が一二歳年上。かつて二人は同じ高校に勤務していたという。

男の供述によると、車の中でシートベルトを使って首を絞めて殺したという。犯人は野球部の監督もしており、生徒たちから人望があったとの話もある。二人の間に何があったのか詳細はわからぬが、警察の調べに対し、「女性（被害者）との関係に疲れ殺した」と供述している。

殺人という最悪の選択によって、被害者と自らの人生を棒に振る行動は、教育者というより人間として失格であろう。だが、遺体の処理の仕方が「水」ではなく「土に埋めた」ことは、せめて被害者にいくらかの情が残っていた証であろうか。様々なリスクを承知のうえでW不倫を続けてきたのだろうから、当人同士にしかわからない気持ちがあったとしても不思議ではない。

一方、遺体を「水」に投げ捨てたケースである。

私が『週刊サンケイ』記者時代に、「事件の視覚」として取材し、記事にしたもの。一九七四（昭和四九）年、自動車整備工場を経営していた両親を殺害し、遺体に車のタイヤを括り付けて海に投げ捨てた、息子による殺人遺棄事件である。

犯人の息子は千葉県内でトップクラスの偏差値を誇る高校に進学。両親のみならずご近所からも将来を期待されていた。ところが大学受験に失敗。予備校に通うもののなかなか結果を得られず、浪人を重ねていた。ようやく二部（夜間）の大学に合格したものの、日ごろから両親に生活態度を咎められていた。やがて、これまでの鬱積が憎悪となって自宅で両親を刺殺。遺体を市原の港に投げ捨てたのである。

その後、発生した腐敗ガスにより水死体が海上に浮上、通りかかった釣り船により事件が発覚し逮捕された。犯人の息子は、タイヤを遺体に括り付ければ浮上しないだろうと、完全犯罪を目論んでいたようであったが、タイヤの重さが足りず、計算違いから完全犯罪は失敗に終わったのだった。

この事件もやはり、強い怨恨がベースにある。

ちなみにこの事件を基にした映画「青春の殺人者」（監督：長谷川和彦）が後に作られ、俳優・水谷豊の映画初主演作となった。

水のケースをもう一つ。

ずいぶん古い話にはなるが、荒川放水路バラバラ殺人事件だ。まだ私が小学校の頃の一九五二（昭和二七）年に起き、世間をアッと驚かせた。

事件の被害者は、酒が入ると人格が豹変、殴る蹴るの暴行を日常的に働く、今でいうDV男。たまりかねた妻は母と共謀し、夫の寝静まった隙に首に紐を巻き絞殺したのだった。

そして殺害後が凄まじい。遺体を風呂場に運び、のこぎりでバラバラにして、荒川放水路に投げ捨てたのだった。どれだけ夫に憎悪を抱いていたのか。ちなみに犯人の妻は学校の教師で、殺害された夫は現役の警察官であった。

翻って知子さんのケースを見てみると、遺体は川に投げ捨てられていたのだ。犯人の冷酷さが感じられるのではないか。

なにゆえに知子さんは憎悪の対象にされ、冷酷にも川に投げ捨てられたのか。犯人の冷酷さは、どう解釈したらいいのか。逆に言えば、犯人にそういった感情を抱かせ、行動させた知子さんの行為とは何であったのか。殺害後に「土」ではなく、わざわざ「水」に捨てたのはなぜか。

知子さんが発見された場所は当時、武蔵野の緑が色濃く、周囲には「土」が多く残っていた。近くの大宮神社は昼間でも薄暗いところであり、知子さんの「第一発見者」である地元の毛塚正夫さんによると、薄暗い森林のなかでは自殺者も少なくなかったとのことである。それだけ「土」が多くある環境であったにもかかわらず、犯人はあえて、「水」に投げ捨てた。遺体を埋めなければならない時間と手間の問題はあるものの、どう考えても、土に埋めたほうが遺体の発見を遅らせることはできる。このことは、犯人の激しい恨みの証左ではないか。

事件直前の動き

知子さんの初フライトの前に実行しなければ……。フライト勤務になれば、なかなかチャンスは訪れない。知子さんの仕事が本格始動する前に、神父は機会を狙っていたに違いない。

そしてチャンスは訪れた――。

知子さんが叔父の誕生日会に出席する三月八日。この日しかない。神父はこの三日前、久しぶりに知子さんと会って、手袋のプレゼントを受け取っている。その時、今後のスケジュールを聞きだし、彼女が外出する予定を把握したのではないか。

この間、非常に気になる事実がある。久しぶりの再会の二日後で犯行前日の三月七日、神父から知子さんに速達郵便が届いているのを、下宿先の叔母が確認しているのだ。しかし事件後、下宿をいくら探しても、この速達の手紙は見つからなかったという。

一番可能性が高いのは、受取人である知子さん自身がこの手紙を持ちだしたというシナリオだろう。だとすれば、自主的に持ち出したのか、神父に言われてそうしたのか。もし後者だった場合、問題はその内容だ。神父と犯行を紐づける何かがそこに書いてあったとしか思えない。証拠を残すのを恐れた神父が、知子さんに手紙を持ち出すように言ったとは、十分に考えられる。

叔母は日頃から、知子さんの行動に目を光らせていたらしい。知子さんのご両親から「娘の監視をよろしく」と言われていたからであろう。したがって家に置いておくと、速達の中身を見られる恐れがある。

肝心の速達手紙の内容だ。事前に知子さんのスケジュールを把握していた神父は、彼女を誘いだす段取りをそこに記していたのだろう。

「駒込の叔父さん宅に車で送る。その後、帰国慰労会をやりましょう」

知子さんが帰国してからの態度から一変、神父は二人きりで会おうと誘う。神父の思惑などどこ吹く風の知子さんは、この申し出に舞い上がったに違いない。そして神父は「当日はこの手紙を持参するように」と念押ししたのだろう。

知子さんは三月八日午後、速達を持参して家を出たのであった。

結果、知子さんは叔父宅の誕生会に姿を見せず、二日後、遺体で発見されることとなった。胃の内容物に松茸があったことから、〝最後の晩餐〟は「うま煮」であったと推定。二人だけの帰国慰労会は、高級な中華レストランではないかとの声もあった。

事件の直前、もう一つ動きがあった。

三月五日、手土産を神父に渡した際、知子さんは神父に頼みごとをしていた。会社からの「宿題」であった。松原町の下宿からＢＯＡＣ東京事務所へ行く方法を英語で書くように、神父に依頼したのである。いくら英語を苦手にしているとはいえ、そのくらいは書けそうなもの。恐らく神父を繋ぎとめるための行動か、それともすでにマウントをとっていたであろう知子さんだ、執事の如く「やっといてネ」といった気持ちであったかもしれない。ともかく神父はこれを受諾し、知子さんの宿題をこなす。そして忠実なる部下（野々宮氏）にコピーを取らせ、三月六日付けで知子さん宛に投函している。

もう一度おさらいしてみる。英国から帰国以来、多忙を理由に会おうとしない神父に、知子さんはやっとロンドン土産（運転用革手袋）を、三月五日に渡すことができた。そして会社からの「宿題」を神父に託す。神父はこの時、知子さんの今後の日程を把握し、帰国慰労会を持ちかける、詳細は速達で伝えると言って。そして三月七日、速達手紙を受け取った知子さんは、その内容に従って翌八日午後二時、下宿を出る。神父からの速達手紙を持って。

……仮に神父を犯人とすれば、すべてのパーツが型にあてはまり、パズルは完成し、なんらの齟齬は見られない。したがって当時のマスコミは、神父を重要参考人と大々的に報じたのだった。

犯行

私は事件現場周辺を何度も歩き、一つの考えに到達した。扼殺の現場は大宮神社の背後の一角ではなかったか。近くに善福寺川が流れている。川に沿っていくと遺体発見現場に辿り着く。現在ではお花見の季節になると大勢の家族連れで賑わうところだが、当時は雑木林が連なり、きわめて人気《ひとけ》のない寂しい場所であった。

なぜ、こんな寂しい場所に知子さんを車で連れてきたのか。それは犯人が、愛欲の舞台設定を作ったからであろう。

暗い、寂しい場所を、知子さんはむしろ心の深奥で喜んでいたのではないか。現場で犯人は知子さんを愛撫するような格好の演技に入る。知子さんは久々に陶酔感に包まれていたかもしれない。リクライニングシートが倒される。

そして犯人は、知子さんからプレゼントされた革手袋を外して愛の行為を開始するかと思いきや、そのまま革手袋をはめた大きな手で、知子さんの首を絞め始める。皮手袋は皮肉にも、知子さんの命を奪う際の小道具になってしまったのだ。

その瞬間に知子さんの瞳に映ったのは、これまでに見たことのない怒りの形相であったに違いない。知子さんが見た今生最期のワンカットは、ここまで情交を結び、心を通わせたはずの男の、憤怒の表情ではなかったか。

知子さんがぐったりとしたところで、犯人はすぐさま身元がわかるものを体から取り外した。少しでも身元判明を遅らせるためである。その間に犯人は、証拠隠滅を図り、アリバイ工作をしなければならない。ハンドバッグや財布など知子さんの身元特定ができるものをはぎ取り、その後に車を移動させた。といっても二、三分ぐらいでアスファルトの舗装道路に出る。ここで知子さんの遺体を車から下ろし、抱えて発見現場まで運び、川に入って投げ捨てたのであろう。

この時、車の音を聞いたという人がいた。第一発見者の毛塚さんの同級生の母親であった。

まずは毛塚さんの談話から振り返ってみよう。毛塚正夫さんが言う。

「おれのクラスメイトが前夜に橋（筆者注：宮下橋）のそばに車が停まっているのを見たと言っていたな。車は確かルノーとか言っていたな」

正確には車を目撃したのは正夫さんの同級生の母親で大塚ヒメ子、当時四〇歳であった。捜査資料によると、

「同人（筆者注：大塚ヒメ子）は十日午前三時頃から起きて内職をしていたところ、五時頃、すぐ脇にある堀の傍の広場で自動車のエンジンの音を聞き、こんな朝早く、どうしたのかと思いガラス窓越しに音の方を見ると、白っぽい小型の乗用車が川上の橋の付近まで行ったが、すぐ引き返し、宮下橋の方に走っていった。その時は今頃あんなところへなんで自動車が来たのだろう位で簡単に思っていた。（略）三月一二日の朝になって新聞で殺人事件と判ったので主人に話した後に警察に連絡しました」

警察で「白っぽい車」のカタログをいくつか用意して目撃者に見せたところ、大塚ヒメ子が指で示したのは神父の自家用車と同じルノーだったという。

マスコミは車のタイヤ痕の情報を連日報道した。これに対する神父の行動は素早かった。車の轍痕から足がつくのを恐れたのか、日野ルノー豊島営業所にて、スペア含む五本のタイヤを新しいものと替えていたのだった。タイヤはそれほど摩滅をしているわけではなく、走行距離も交換するほどではなかったにもかかわらず、である。これは神父と犯人が重なるほど怪しい行動であった。

警察が捜査すると、交換した古いタイヤは神父が持ち去っていたことがわかった。古タイヤは教会の倉庫の奥に放り込まれていたが、「探すのは困難」と言われ、警察は断念したのである。当時の日本の立場の弱さと、宗教という壁に阻まれた事件の背景が如実に表れたのだ。

神父の容疑は更に強まったものの、厳然と立ち塞がる教会側の壁に阻まれて、捜査はなかなか前に進まなかった。

神父の行動

事件の重要参考人、限りなくクロに近い男が外国人神父——警察の上層部にとっては頭の痛い事態であった。なぜならローマ教皇庁というバックのある神父を向こうに回すのは、想像を上回る厄介さに見舞われることが目に見えている。

それでも世間で注目を浴びている事件なだけに、現場の刑事たちは必死に犯人逮捕に向けて奔走した。この事件は単なる男と女というよりも、加害者と被害者の関係が「白人男性対日本人女性」という構図になっている。ここに焦点が当てられて関心を呼び、盛り上がったのである。

敗戦という打撃を受けた日本の精神的・肉体的な力はまだ乏しく、時代はまだ、負のトラウマを引きずっていた。それだけに、白人というコンプレックスの対象である加害者を逮捕することが、〝負〟の憂さを晴らす効果があると、国民一人ひとりが無意識下に察していたのかもしれない。

それは、かの力道山が、プロレスのリング上で身長二メートル近い白人の大男たち、シャープ兄弟を空手チョップで打ちのめす様《さま》に熱狂した感情と重なっていたのではないか。

力道山が空手チョップで打ち砕いたのは、当時の日本人の「外人（白人）コンプレックス」であり、これに日本中が熱狂したのはご存じの通りである。私も子供ながら街頭テレビに駆けつけ、大人と大人の背中の間から、背伸びしながらむさぼる如く観た覚えがある。
こうした構図のなかでＢＯＡＣ事件への関心は高まり、国会でまで取りあげられたのだった。国会質問の一部を紹介しておく。

委員：（略）神父は武川知子さんと肉体関係があったかどうか、それから五日間についてお調べになりましたから、その殺害の日と、この神父の重要参考人としてお調べになりましたアリバイはどうなっているのか。（略）
説明員：アリバイなどにつきましては精密な調査をいたしておるのであります。（略）肉体関係については、あまりプライバシーの問題になりますので、本人の名誉その他もあり、被疑事実そのものずばりと直接関係もございませんので、お答えを差し控えたいと思うのであります。

世界に冠たる巨大組織、ローマ教皇庁に属する神父を向こうに回すことなど難しく、気を配った答弁に終始している感がある。

一方現場では、世間からの熱い期待があったせいだろうか、必死に捜査が進められていた。知子さんの行方が分からなくなった日時から遺体が発見されるまでの約一六時間の空白を埋めるべく、神父のアリバイ崩しに警察は挑んでいく。

事件を解明するうえで、知子さんの当日の足取りで決定的な場面が二つある。

まずは叔父宅への途上で何があったのかということだ。

知子さんは叔父・高橋五郎に、「午後三時半から四時の間に着く」と言っている。これが果たされなかったのは、叔母宅を出てから何者かが知子さんに接触したから、としか考えられない。件の速達手紙で神父が送っていく約束をしていたとすれば、辻褄は合う。

もうひとつは、知子さんの胃の内容物から判明した料理を誰と食べていたのか、ということだ。叔父の誕生日会をすっぽかしてまで高級な中華料理（うま煮と推定）を一人で食べに行くわけもなく、やはり近しい関係の人物と一緒に、というのがもっとも自然である。とすればやはり神父をおいて他にいない。

警察はかねてより教会側に、「神父の行動リスト」を要請していた。これは、ドン・ボスコ社の日本人職員、野々山竜之助によって作成され、警察は野々山氏から受け取ったという。野々山氏はベルメルシュ神父の忠実な部下であり、行動リストは神父の指示を受けて作成されている。つまり客観的資料ではなく、いわばアリバイの証明であった。

実際その内容はあまりに整然としており、都合よく書かれていた。捜査報告書から引用してみよう。

八日午前八時より正午まで：スロイテル修道士の神父昇格叙品式が下井草教会であったので、その補助役として列席。

正午より午後二時三十分：下井草教会で長江司祭中心の昼飯会があったので、それに同席。午後二時三十分より午後三時の間：デルコール、スロイテル、ラゴニヤ修道士の四人で荻窪電報局に行き、電報三通を発信して調布神学校に行く。

午後三時より午後六時三十分の間：調布神学校主催の祝賀会に出席。

午後六時三十分より午後十時の間：午後七時三十分頃、デルコール、エミリオ修道士の三人で自動車に乗り、ドン・ボスコ社（杉並区）に帰る。当時コックの土肥がヘルニアで聖母病院に入院中のため、夕食の支度をして、午後八時頃夕食。その頃四谷のドン・ボスコ社に電話をしてデルコールと二人で自動車に乗り、四谷の店に行き、留守番の彦坂さんと話をして午後九時頃ドン・ボスコ社から戻り、三人で一時間位当日の叙品式の話をして、午後十時頃就寝した。ベ神父の部屋の隣はエミリオ修道士の部屋であるが、同人は神経衰弱でよく眠れず、午前一時頃まで眠らないでいたので、よく知っている。

なお、「彦坂さん」とは彦坂智江のことである。

「午後八時頃夕食後に四谷のドン・ボスコ社にデルコール神父と二人で自動車に乗り……」とあるが、さらに詳細なことを神父は事情聴取で話していた。

「午後八時頃夕食を終えてからデルコール神父と四谷のドン・ボスコ社に『バイブルケース』を取りに行き、午後九時頃に戻り雑談して同十時頃就寝した」

この裏付けをとるため、警察は四谷のドン・ボスコ社の留守番、彦坂智江に訊問した。するとと彼女はきっぱりとこう答えたのである。

「三月八、一五、二二日の日曜は店が休みで、昼間も夜間も外来者は全然ない。もちろん杉並のドン・ボスコ社の方から誰も来なかった」

明らかに「行動リスト」と違っている。アリバイ工作は破綻かと思われたが、数日後、彦坂氏は自らの証言を訂正したのだ。

「先日の供述に誤りがあった。よく考えたら、ベルメルシュ神父とデルコール神父が午後八時半頃『バイブルケース』を取りに来た」

まさに神父の供述とピタリと一致する内容に変えてきたのだ。この留守番の女性はカトリック信者でドン・ボスコ社に雇われている身である。そもそも彼女の証言は信用できぬと警察は判断した。

捜査報告書を続ける。

九日午前五時から午前八時三十分の間：午前五時起床。ミサを行い、午前六時三十分スロイテル他一名と調布の神学校に行く。三人でノートルダム修道院でミサを行い、午前八時三十分頃神学校に戻る。

午前八時三十分より午前十時三十分の間：荘厳初ミサに与る。

午前十時三十分より午前十一時十五分の間：神学校の校庭で、集合者全員の記念撮影が行われた。この写真はベルメルシュ神父が撮ったので本人はこれに入っていない。

午前十一時十五分：ベルメルシュ神父がドン・ボスコ社の野々山氏にブドウ酒十本を神学校に届けるように電話して来たので、同氏がスクーターですぐ届けるとベルメルシュ神父が受け取った。

正午より午後六時三十分：神学校でベルギー人のコンパニヤ（筆者注：キリシタン用語でイエスズの修道会の略。すなわちイエスズ会）があり、午後二時三十分に終わって、スロイテル、ベルメルシュ神父他一名の三人で調布郵便局に行き、ベルギーに電報を打った。それから神学校で行われた劇を最前列で見ていた。

「劇を最前列で見ていた」という神父の行動は、私の脳裏に残った。なぜなら彼は日本を脱出後、カナダのセント・ジョンに「ベルメルシュ劇場」をつくっていたからであった。彼は演劇や音楽などの舞台芸術を愛好していたのだろうが、それを社会的事業として展開するヴィジョンを当時からもっていたのだろうか。

さて、神父の行動リストに戻る。

午後六時三十分：降福式の司会をつとめ、ドン・ボスコに帰り、バルバロ、デルコール、スロイテルの三人と雑談して就寝した。

十日午前五時：午前五時に起床。同六時三十分、新宿区内藤町の修道院に行き、ミサを挙げ、スロイテル神父が記念の植樹をした。

昭和の名刑事、平塚八兵衛登場

最も重要な知子さんの死亡推定時刻、三月九日午後一〇時から三月一〇日午前四時の間の六時間、神父はどこで何をしていたのか。あらためて行動リストをチェックすると、「三月九日午後六時三〇分、降福式の司会をつとめ、ドン・ボスコ社（杉並区八成町九十番地）に帰り、バルバロ神父、デルコール神父、スロイテル神父の三人と雑談して就寝した。次の朝は午前五時に起床」と記している。つまり死亡推定時刻には、ドン・ボスコ社二階の己の部屋で寝ていたというのだ。

これでは客観性に欠け、アリバイとするにはいかにも弱い。ここから突き崩せば、陥落はそう難しくはないだろう。警視庁は神父の事情聴取を要請した。これまで非協力的な態度で一貫してきた教会側は、世情の動向を鑑みてこれ以上だんまりを決め込むわけにはいかず、受諾したのだった。

取調べを担当したのは警視庁捜査一課のエース、数々の大事件を担当してきた平塚八兵衛刑事だった。容疑者の矛盾を即座に見破り追い詰めて白状させる手法は天下一品といわれ、名づけられたあだ名は〝落としの八兵衛〟であった。

事情聴取を警視庁ではなく、浅草の菊屋橋分署（現警視庁菊屋橋庁舎）で行ったのは、マスコミに騒がれるのを恐れて教会側に配慮したためであった。木造二階建ての二階の一室が取調室、ベルメルシュ神父に同行したのは直属の上司ともいうべきダルクマン神父だった。この狭い部屋で警視庁の、いや国民の期待を背負い、平塚刑事は神父と対峙することになった。

一九五九（昭和三四）年五月一一日から一三日の三日間は、午前一〇時から午後五時まで途中昼飯休憩をはさみ実質六時間であった。さらに二〇日と二二日の二日間、合わせて五日間、延べ三〇時間にわたる事情聴取を実施したのだった。ただし、神父は日本語を流暢に話せたのだが一切日本語を使わず、通訳を付けての取調べとなった。

平塚刑事は後にこう話している。

「通訳が間にはいって調べをはじめたが、どうしても呼吸が乱れちまうよな、外人相手じゃ。調べってのは、ホシ（筆者注：犯人）と対決しながら、ことばのニュアンスや表情を読み取りながらやるもんだ。神父は日本語は百も承知で、ペラペラだよ。それが、いっさい日本語を使わねえんだよ。微妙な点になると神父は『迷惑をかけるといけねえから』といってわざわざ辞書をひいてから答えるわけだよ」（『刑事一代　平塚八兵衛聞き書き』佐々木嘉信著、日新報道出版部）

平塚刑事は、神父の血液型を採取するために湯飲み茶わんでお茶を差し出した。が、神父は手を付けず、血液型の特定は失敗したとマスコミの問いに答えている。けれども神父の血液型は、後の「捜査報告書」ではO型と記されている。

平塚刑事はマスコミが騒ぎ立てるのを抑えるために、あえてエピソードを披露したのかもしれない。それだけマスコミはヒートアップしていたのであった。

「知子さんの殺された前後のアリバイにしろ、知子さんとの肉体関係についても、肝心な点をつくと『知らぬ存ぜぬ』の一点張りだ。思うような調べにならなかった」（前出）

とはいうもののさすがに〝落としの八兵衛〟、厳しい取調べを受けた神父はげっそりと痩せ、精神的にもかなり追い込まれていた。教会側の関係者からの証言だ。

「彼（ベルメルシュ神父）の体は痩せ細って骨と皮だけになっていた。神父という聖職にある者が、こんな殺人事件に巻き込まれ、同僚からも冷たい眼でみられている。このままでは死んでしまうのではないかと思われたほどです。当時の彼は半狂乱でした。事件の解決にはバチカンもまったく動いてくれなかった」（「神父はなぜ出国できたのか」『週刊現代』昭和四九年五月一〇日号）

取調べは引き続き予定されていたが、このままでは神父の体が危険と認識した教会は、母国・ベルギーでの休養が必要と判断した。平塚刑事はこう語る。

「ベルメルシュ神父は六月一一日に突然、帰国しちゃったよな。六回目の調べを、たしか六月一三日に予定していたところだ。なぜ急に帰っちゃったのかは、オレはいきさつを聞いてねえ。〝落としの八兵衛〟といわれても、さすがに調子が狂って勝負にならなかった」（前出）

もっとも神父の帰国は事前に、警視庁に通告されていたというのだ。

「ベルメルシュ神父本人か、それとも関係者か知らないが、羽田から飛び立つ前に誰かが警視庁の正面玄関の受付に『今夜帰国する』という意味のメモを置いて行った。宛名のない手紙だから、捜査本部に着くまで時間がかかった」と、この事件の捜査本部長であった新井裕刑事部長の言葉が残されている。

一方、教会側の言い分として、デルコール神父は次のように語る。

「警察もこれを秘密にしていますが、彼（ベルメルシュ神父）が〝出る〟ということも、警察のある人だけが知っていたのです。彼を帰したのは、警察側がそれを望んだからです。警察が出国のチャンスをくれたのです」

〝神父クロ説〟を強く打ち出していたものの決定的な証拠がとれず、出国すれば警察のメンツが保たれるという理由であった、というのだ。

警視庁では知子さんと肉体関係のあった関西の男性二人を含め、少しでも関連のある人物を洗い出し、一人ひとりアリバイ等を根気よく調べていた。その数三四七名――。

厳密な捜査の結果、捜査対象者のほぼすべてのアリバイが成立し、アリバイが曖昧であったのはベルメルシュ神父だけであった。その彼が六回目の事情聴取が行われる二日前、教会の一方的な都合により、帰国してしまったのだった。

帰国便に居合わせた新聞記者

一九五九（昭和三四）年六月一一日、羽田空港のロビーに目を惹く数人の男たちが現れた。裾の長い司祭平服、いわゆるスータンを身に着けた神父たちの集団だった。この中にベルメルシュ神父がいた。空港職員が発見し、空港内の交番に連絡。しばしすったもんだしたものの、神父の出国は許可された。そして二度と神父は日本の土を踏むことはなかった。

新井裕刑事部長は、会見で次のように述べた。

「現在も事件解決のため最も必要で最も重要な人物であることに変わりない。出国後も捜査を続ける」

しかし国際刑事警察機構（インターポール）に要請した形跡はなく、けっきょく事件は未解決となった。

神父の搭乗するエール・フランス２７７機は北極回りのパリ行きであった。約三〇時間の長旅だ。乗客は一階、二階合わせて八〇人前後。ほとんど外国人ばかりで空席も目立った。この機内に、一人の日本人が乗っていたのである。一階ほぼ中央の窓側席にいたのは、読売新聞の奥山達記者であった。けれども機内にＢＯＡＣ事件の重要参考人が乗っているとは、奥山記者をはじめ誰も気がついていなかったという。

ＢＯＡＣ事件から半世紀後、私は奥山元記者とお会いすることができた。すでに奥山記者は八〇歳を超えており、週二回、透析の治療を受けていると言っていたが、神父との出会いを鮮明に覚えていた。

奥山記者はかつて、朝鮮戦争の国連軍側の記者として弾丸の飛び交う中、体を張って取材した経験があった。百戦錬磨の現場経験の持ち主だが、この時は、つい数十分前まで神父側と日本側、それにエール・フランス交えてのすったもんだしていたことなど全く〝知らぬが仏〟状態であったという。奥山記者は「パリ勤務のため連日連夜の歓送会でアルコールが抜けることもなく寝不足でした」と話し、続けて「国際部で国内（ニュース）に疎かった」と説明。心はすでに憧れのパリ勤務に夢を膨らませながら、機内の美しい金髪のスチュワーデスに視線を走らせていたという。

と、前の席から「どちらの国へ？」と流ちょうな日本語で話しかけられた。外国人の神父だったが、奥山記者はまだ彼がベルメルシュだとは気づかなかった。

「パリです」と答えると、「隣の席が空いているからこちらに座りませんか」と誘われた。

奥山記者は隣の席へ移動（スクープ記事では真後ろの席となっている）。隣に座ったものの、まだ、かの神父とは気づかない。「お仕事は？」と聞かれたので新聞記者と答えた。「記者なら当然私のことを知っているでしょう」と言われ、まじまじと顔を見た。ハンサムな白人男性と思ったものの、奥山記者はまだ気づかなかったのである。神父は（知らないの？）という表情を見せて、こう言ったという。

「いま、日本中で一番有名なガイジンです」

これで奥山記者はようやく、隣席の男性がＢＯＡＣ事件の重要参考人と悟ったのだった。と同時に、背筋に冷たい戦慄が走り体は固まった。体内からアルコールはもちろんのこと、憧れのパリの夢もすべて吹っ飛んだという。けれども神父は穏やかで流ちょうに、

「また日本に戻ってきたい。おそらく二、三か月後に戻りたい。日本はいいところです」

と話したというのであった。

機体は給油のためアメリカ・アラスカ州のアンカレッジ空港に着陸した。前述した通り、アラスカ州は半年前（一九五九年一月）にアメリカの四九番目の州となったばかりであった。

このアンカレッジ空港で給油するしばしの時間、奥山記者と神父は空港内のサロンでコーヒーを飲んだ。すでに注目の神父と知ったけれども敢えて詮索せず、いたって平静を

装った。「国際部なので国内はあまりよく知らない」と強調したことが功を奏したらしい。

神父から「心に残る記者体験は？」と聞かれ、朝鮮戦争のことを語った。

「国連軍側の台湾人記者と宿舎で同室となり、夜中に台湾語の寝言に寝不足となって困った」

この答えに神父は笑みをこぼしたという。

会話を通じて二人の距離は縮まった。時に神父三八歳。奥山記者三四歳であった。

機体は再び飛び立ち、第二の経由地モスクワ空港に到着した。すると奥山記者宛に電報が届いていた。「重要参考人が乗っているはずだ。取材せよ」との読売新聞本社からの指令であった。奥山記者は正直に神父に電報を見せたのである。

これに神父は、「日本の新聞は嘘を書く」と新聞批判をしゃべり始めた。自分を犯人扱いする新聞に嫌悪感をあらわに、先ほどまでとは一変、あたかも奥山記者を攻撃する態度であった。奥山記者は一切反論せず黙って聞いていた。そして――、

「あなたが嘘を書かないというのであれば、取材を受けてもいい」

と神父は言った。

奥山記者は内心、（やった！）という感情が走ったけれども、グッと我慢して感情を押し殺したという。

取材する場合は相手のことも思いやり、耳を傾ける。図々しく質問し、相手を傷つけて「ハイ終わり」と拒否されてしまえばおしまいである。かといってただ黙って聞いているだけではいけない。読者が知りたがっていることにも触れなければならない。要は頃合いが大事なのだと奥山記者はいう。

機体はパリに向かっていた。奥山記者は飛行中に脳内で記事の構成を考えていた。スクープ記事を想像しながら、同期のなかで頭一つ前に出たと思ったに違いない。なにしろ読売同期生の三羽ガラスと言われた奥山記者である。三羽ガラスはともに東大出身。奥山記者のほかに、政治畑のナベツネこと渡邉恒雄、経済畑でのちに日本テレビのトップとなった氏家齊一郎である。スクープ記事から五四年後、私の前で「一番出世が遅れたのが、私」と、かつて国際派として鳴らした元欧州総局長は自嘲しながらコーヒーを口にした。

この時の奥山記者の独占インタビュー記事は、署名入りで社会面のトップを飾った。

神父と一問一答　東京―パリ・空の旅三十時間
すべて教団の命令　日本にまた帰りたい

【パリ発奥山特派員】記者は十一日エール・フランス277機で、はからずも神父の真うしろの席にすわり、羽田からパリまで三十時間の旅をいっしょにすることになった。旅の道づれに〝東京の悪夢〟を思い出させる結果になったかもしれないが、神父は機上でのインタビューで次のように語った。

――突然の帰国は自分の意思ですか。

「わたしの意思というよりは、所属しているサレジオ会の命令です」

――命令の根拠は？

「わたしの胃病のためもあるが、老衰した両親の見舞いもかねてのものだ」

――また日本に帰る気持ちはありますか。

「できたら二、三か月中に戻りたいと思う」

――こんご日本の警察から要請があれば取り調べを受けますか。

「いつ、どこにいても受けるつもりです」

――武川さん（筆者注：知子さん）とのことなどが表ざたになり、気まずいこともあったと思うが、神父を辞任する意思はありますか。

「そんな気持ちは少しもありません。これからも与えられた職に精励します」

これまでの神父の応答と違って、神父辞任の質問には語気を強めてきっぱりと答えた。まさにこの重要参考人にとって聖職は天職といわんばかりで、その毅然たる答弁に奥山さんはいささか驚いてしまったという。胃病の悪化で帰国という理由であったけれど、その雰囲気はまったく感じられず健康そのものだった、と奥山さん。

さらに、スクープ記事を続けてみよう。

神父としてはいま帰国すればいろいろな誤解を招くし、捜査が行きづまりにおちいった日本警察の〝メンツ保持〟にもなるので（迷宮入りになった場合、神父の帰国のせいだと警察がメンツを失うだろうという意味らしい）帰りたくなかったが、何ごとも会の命令に服するのが義務だとのことだ。

神父の滞日は実に十年、日本語もたん能になり日本人の美点もよく知っているから、たとえ今度の事件で不快な思いはしても日本人には悪感情はもっておらず、ぜひまた日本に戻って働きたいという。ただし、警察の取り調べが長期にわたったこと、新聞が真偽を確かめずにセンセーショナルに扱ったこと、この事件のため人々を導くべき神父としての職責遂行が困難になったことなどについてはつつましやかな不満をもらしていた。

重要参考人を乗せたエール・フランス機は、六月十二日午後六時四十分にパリのオルリー空港に到着した。羽田から飛び立って三十時間後のことであった。空港で地元記者たちのカメラのフラッシュを浴び、神父は不愉快な顔を見せていた。記者とはこのオルリー空港で別れた。

「彼は『さようなら』と私に言って手を振って、迎えに来ていた教会の神父たちに守られながら去って行きました。以来、彼とは会っていません」

奥山元記者は、そう言って私の前でコーヒーを再び口にした。

重要参考人が母国ベルギーに帰国すると、マスコミはピタリと報道を止めた。日本人一人ひとりの心に残されたのは、やるせない失望感だけであった。追跡取材をするジャーナリストは見当たらなかった。いや、いたかもしれない。

「パリ支局の頃、神父の追跡を試みました。すると教会では南アフリカの教会に派遣されるかも、と曖昧な返事。それっきりでした」（奥山さん）

消えた神父を追って

実はこのＢＯＡＣ事件に、アメリカのＦＢＩ（連邦捜査局）やＣＩＡ（中央情報局）が関心を寄せていたというのである。

「事件発生直後からＦＢＩが捜査していましたが、東京麹町に表札もかけずに動いていたが、どんな内容を調べたか、恐いのでノータッチだった。ＦＢＩの捜査官は一人だったが、日本で下請け機関を使用したかどうかはわからない」（教会関係者）

知子さんの殺人事件そのものに関心があったわけではなく、知りたかったのは、事件の背後に見え隠れする教会の闇の部分であったらしい。

折しも、ＢＯＡＣの香港―カルカッタ間のスチュワーデス四八人と操縦士三人合わせて五一人が麻薬の取引に関わったとして逮捕、解雇されていた時期と重なったこともあるかもしれない。教会の資金源が疑惑の対象にされていたようだ。弱い立場の人々のために、さまざまな物資が教会に届けられていたが、これらの物資の一部を闇ルートで売却し、収益を得ていた。むろん、不法行為である。松本清張はこの点に注目し『黒い福音』を作品化したのは、前に記した通り。

戦後のドサクサの不法行為が、まだ尾をひいていた時代であった。なにしろ日本はアメリカ軍に占領されていた当時、ＧＨＱは日銀地下に、ダイヤモンドをはじめ、隠退蔵物資や日本軍の偽造紙幣等、膨大な資金を隠匿した、といわれている。それがＧＨＱの各セクションに流れて、たとえば「カーペンター資金」とか「マーカット資金」という名前でいわれていた。隠匿は某教会派の宗教団体に関係していたという。

「宗教団体と金」の問題は、現代でもたまさか話題になるものである。

ともかくＦＢＩはＢＯＡＣ事件で動き、実際にベルメルシュ神父はＦＢＩによる取調べを受けていたという。神父は日本を脱出後、ベルギーに戻り、やがてカナダに移住するのだが、いったんアメリカ・カルフォルニア州のサレジオ教会の施設にいた時期に、「ＦＢＩから日本滞在時の行動について詳細な訊問を受けた」という。

訊問の結果、「神父は麻薬関連に関わっていなかった」という教会関係者の言葉が残されている。

さて、私はマスコミの世界に入り、週刊誌の事件記者とテレビの報道、つまり活字と映像の世界を経験した。この中で、常に後ろめたい気持ちを持ち続けていた。

なぜか――。その原因は、「書けば書きっぱなし、流せば流しっぱなし」といった、読者あるいは視聴者のご指摘にあった。内心「おっしゃる通り」と思いながらも、現実は、速報性を重視し、かつ次々と新たな事件が発生して世間の関心が薄れる中、古い事件に留まっているわけにはいかなかった。

このような後ろめたい感情は、私の心の中に澱の如く溜まっていた。この澱に埋没していた一つがＢＯＡＣ事件であった。いつかきっと神父を捉えてやる。そして「やっぱり、あなただったのでしょう」という質問をぶつけてみたい――。「世界中を探しても追っかけるぞ」と、血気盛んだった三十代の頃の私は威勢だけはあった。

だが、日常のルーティンに追われ、仕事の合間にとりかかる余裕なんてなかった。若き頃の〝熱〟はどこかに置き忘れてしまった。

そして神父が日本を脱出して半世紀以上が過ぎた。宮仕えを任期満了した私には、たっぷりと時間ができていた。今こそ、積年の宿願に手を付ける時が来たのかもしれない。若き日の情熱が蘇ったが如く、私は勢いで神父が住むカナダに飛び、手探りで彼の居場所を突き止め、ついに面会を果たした。その顛末をまとめた書籍も上梓した。

ところが、である。念願を果たしてすっきりしたのも束の間、私は新たな後ろめたさを抱えることになってしまった。

平穏に暮らす神父の元に押しかけ、晩年を迎えた神父の「苦い記憶」を呼び覚ましてしまったことは、果たして「正しい」ことだったのか。

いや、そんな逡巡は無用だ、事実は事実として伝えることに意味があり、価値があるのではないか。

そんな風に自問自答しているところに、新たな報せが届いた。

それは、私の寝覚めをさらに悪くするものであった。

第3章　神父の死

大往生

二〇一七年三月二四日、金曜日午前九時。カナダ・ニューブランズウィック州セント・ジョンの一角にある聖サレジオ教会の前から、続々と車が出発した。

気象観測によると、この日はどんよりとした雲が空一面に広がっていた。気温は二・一℃。この時期としては平年並みである。

先導車両がウッドワード通りに出て右折すると、後の車両もそれに続く。車両の列は南に向かって走る。左手前方にロードウッド公園の森林を見ながら車両はゆっくりと進む。

道路の脇には、まだところどころに雪の塊が残っている。土埃に覆われてまるでゴミの塊のような小山をつくっているのも、例年、この時期の見慣れた光景ではあった。

道路は平坦ではなく緩やかに波打っているから滑りやすく、車はスピードを落としてゆっくりとウッドワード通りからミレッジ通りに入った。車列の最後方には大型バスが続く。週末のせいか行き交う乗用車から音楽がかすかに聞こえ、どこかから鳥の鳴き声も響く。

車列はミレッジ通りからスローン通りを抜けてウエスト・モーランド通りを北東へ。先導車の後には黒塗りの、がっしりとした車。ルイス・チャールズ・ベルメルシュ神父の遺体が納められた棺を載せた、霊柩車であった。

教会から出発して約七キロ、目的地に到着した。広大な敷地を誇る、聖ジョセフ墓地であった。

神父の遺体を乗せた霊柩車は大きな門をくぐった。白樺の樹木が等間隔に植樹されており、芝生の手入れも行き届いている。大小さまざま墓石があり、一八〇〇年代の古いものも少なくなかった。なぜか将棋の駒の形をした墓石や、タワーのようなノッポな形の墓石も見られた。

午前一〇時、指定の場所にベルメルシュの棺が降ろされて安置された。神父の姪や甥の家族たちは黒衣に身を包み、厳粛な面持ちで見守っている。普段はスータンと呼ばれる詰襟の長い黒服を着ているが、この時は祭服用のアルパという白衣を着て居並ぶ聖職者たち。そして神父とゆかりのある人々が、その周りに控えていた。

寒さがまだ身に沁みる季節である。この年の三月上旬はマイナス一〇℃を記録していたという。セント・ジョンでは、五月にならなければ寒さから解放されないのかもしれない。もっとも昨今の暖冬のせいで、昔に比べたら若干寒さの厳しさは減っているらしい。

埋葬式はカトリック様式に則り粛々と進められた。ロバート・ハリス司祭が聖書を手に、おもむろにラテン語で読み上げる。

天使があなたを楽園へ導かすように。

楽園についたあなたを殉教者たちが出迎え、聖なる都エルサレムへと導きますように。

天使たちの合唱があなたを出迎え、かつて貧しかったラザロとともに永遠の安息を得られますように。

厳粛な雰囲気の中でベルメルシュ神父の埋葬式は終わった。

それから九日後の四月二日（日曜日）のこと。今度は神父の生まれ故郷、ベルギーのアウデンブルグ・ウエストケルクのサレジオ教区にて、神父を悼む記念ミサが執り行われた。故国の地元でも信望を集めていたのだろう。なにがしかの奉仕的行為をしていた可能性はある。なにしろ生前の神父は、日本で培ったであろう〝経済〟に長けていたからであった。

埋葬式の一週間前、二〇一七年三月一七日にルイス・チャールズ・ベルメルシュ神父は九六歳の生涯を終えた。遺体は自宅のマンションから聖サレジオ教会に運ばれて安置された。

葬儀の運営にあたったのは、セント・ジョン市のフィッツパトリック社。一五〇年にわたってセント・ジョン市ウォータール地区での葬儀運営を行ってきた伝統のある事業者であった。

カトリック教の場合、亡くなった直後に「終油の秘跡」といわれる儀式があるらしい。額に油を塗って〝罪の赦し〟を乞う慣わしであるという。

フィッツパトリック社によると、葬儀ミサは教会のロバート・ハリス司祭によって執り行われ、神父とのお別れ会の日程が教会より発表された。三月二一日（火曜日）午後六時から八時までの二時間。対象は教会関係者。そして三月二二日（水曜日）午後二時から八時までの六時間。対象は一般の信徒たちであった。

お別れ会の後、信徒たちは神父とゆかりのあるサミュエル・ド・シャンプランのコミュニティ・センターの一室へ向かった。軽食が用意されていたからであった。ちなみにサミュエル・ド・シャンプランとは、一七世紀のフランス人の探検家であり地理学者。ケベック植民地の基礎を築き、「ヌーヴェル・フランスの父」と呼ばれている人物である。ニューブランズウィック州では歴史上の重要な人物の一人で、市内には立像もある。

信徒たちはこのコミュニティ・センターの一室に集まり、一体どんな話題を語り合ったのか。もちろん神父を称えるエピソードに終始したであろう。たとえば、神父の言葉によって人生を救われたことへの感謝の気持ちだとか、励まされたとかの内容と思われる。あるいは知子さんと同様、悩みを払拭されて未来が開かれたという信徒も、なかにはいたに違いない。

ただこの場に、ベルメルシュ神父の日本時代を知る人はいなかったであろう。ましで〝黒い過去〟など知る由もなかろう。前著取材時、四〇年前から神父を知っている信徒さえ、私の問いに「神父さんは昔のことをほとんど話さなかった。母国？　オランダあたりではないか」とテキトーな反応しか返してこなかった。

もっとも教会側では伝聞により、うすうす知っていたベルメルシュ神父の日本時代の情報は、英語教師ぐらいだったと思われる。

それにしても享年九六とは、二〇二二年九月に生涯を閉じたイギリスのエリザベス二世と同じであり、長寿であった。なお、カナダの男性の平均寿命は世界の上位に位置して八一歳。母国ベルギーは七九・三歳（世界保健機構）。ともにはるかに超えて長生きしたのであった。

カトリック教会の神父は、生涯独身を貫き通さなければならない。これは決まりである。シスターも同じく結婚はできない。結婚するならば、神父もシスターもその職を辞めなければならない。

一般人と聖職者を一緒に考えること自体ナンセンスであろうが、昨今、私の周囲に独身者の孤独死が相次いでいる影響もあってか、高齢の神父の最期をいささか気にかけてはいた。なにしろ神父は早くから母国ベルギーを飛び出して日本、米国、カナダと海外暮らしをした。実家は広大な敷地を持つ農家で六人兄弟の長男。長男が家を継ぐ、という考えもあったであろうから、きっと弟たちには疎まれていたに違いない。したがって弟や妹たちと疎遠になっていたのかも、と私は勝手に解釈し危惧していたのであった。

が、それは余計なお世話であった。

フィッツパトリック社の広報誌『ヒューネラル・ホームズ』によると、神父は実妹、マーサ・ポレットや実弟、ジョセフ・ノラとは良い関係を築いていた。妹のマーサは一九九六年に亡くなり、また弟のジョセフも二〇〇八年に亡くなっていたが、かれらの子供たち、つまり神父にとっては姪や甥たちとも良い関係を築いていたらしい。

高齢の神父の健康管理はナースやメイドたちが行っていたようだし、神父が危篤状態に陥る前から親族が集まり、さまざまな世話をしていたようだ。

そして姪や甥のファミリーに見守られながら、神父は旅立ったのである。

ちなみに神父の亡くなった二〇一七年にフィッツパトリック社が取り扱った葬儀は三二人だった。男性一七人、女性一五人で、平均の寿命は七二歳であった。最高齢は一〇三歳のシスターで、神父は四番目の高齢であったという。

実は神父の死後、BOAC事件に関する新たなドキュメントが明らかとなった。これについては後ほど述べるとして、まず、神父の心の有り様が変化したきっかけとなったと思われる、私との対面の経緯から話を進めることとする。

日本における神父の足跡

神父と関わりのあると思われる大使館へ書簡を投函したのは、二〇一三年春のことであった。

まずは神父の出身地、ベルギー在日大使館の特命全権大使、リック・リーバウト閣下に。そしてローマ教皇庁在日本大使館の特命全権大使、ジョセフ・チェノットウ閣下に。さらにカナダ大使館のマッケンジー・クラグストン大使宛に、私は取材依頼の手紙を出した。

それらには、事件の経緯と、重要参考人の神父が取調べの最中、突然母国に帰国し、国会にも取り上げられたこと。治外法権のために捜査はできず、事実上迷宮入りとなったこと。当時、多くの日本人が悔しい思いをしたことなどを記し、その上で質問事項を簡単に添えて投函した。もっとも半世紀前の事件ゆえ、スルーされるであろうと思っていた。

するとベルギー大使館から、王冠をあしらった封書が私の元に届いたのだった。回答には「同姓同名の人物がカナダ・ニューブランズウィック州セント・ジョン市の教会にいるようですが、本人かどうかの確認のしようがありません。また同名の劇場が存在するが、これも本人かどうかも不明」と記されていたのだ。

私はこの情報を持って、かつて神父が所属していたドン・ボスコ社を訪ねた。

かつてベルメルシュ神父が編集に携わっていた雑誌、『カトリック生活』の発行人兼編集人の関谷義樹氏に話を聞いていただいた。関谷氏は、

「教会内では（神父に）触れてはいけない雰囲気があったと聞きましたから、（神父が）どこで何をしているはわかりません。もしカナダにいるようでしたら……」

と前置きし、

「キリスト教の浸透している国だから可能性はある。キリストと同じような生き方をしていたのでしょう。罪を背負って生きていたと思います」

と言った。そして、一九六九（昭和四四）年に発生した事件に触れてこう言った。

「母校（サレジオ高校）で凄惨な事件が起きたことがあるんです。生徒同士の喧嘩の末の殺人です。加害者は少年院へ送られていたのですが、後に猛勉強して弁護士となった。自分が犯した罪を背負って頑張ったのでしょう」

これは俗に、「高校生首切り殺人事件」と言われる。加害者の少年は初等少年院を出たのち進学して大学院を修了、難関の司法試験を突破して弁護士になったのだ。一方、被害者遺族は賠償金を途中で受け取れなくなり、困窮を極めていたという。このあたりの事情は、ノンフィクション作品『心にナイフをしのばせて』（奥野修司著、文藝春秋）によって公表されている。ちなみに元加害者の弁護士は、廃業したという。

関谷編集長と会った後、サレジオ教会・管区長から、私に会いたいという連絡を受けた。新宿若葉町にある聖サレジオ教会で、管区長のイタリア人、アリド・チプリアーノ神父と会った。裾の長いスータンに身を包んでチプリアーノ神父は現れた。

関谷さんが言っていたように、教会内ではベルメルシュ神父の話題はタブーであったというから、「BOAC事件をこれ以上深堀りするのは止めて欲しい」との呼び出しではないかと、心中穏やかではなかった。

初めて会ったチプリアーノ管区長は、いきなりまくし立てた。

「松本清張の『黒い福音』は実に面白かった。よくできています。ただしあれは小説です。私が日本に来る一〇年前の事件ですから、詳しいことはわかりません。でもこの事件は曖昧のままになっています。シロクロがはっきりとついていません。神父のために明確にしなければなりません」

私と気持ちが一緒ではないか。当初の危惧がすっ飛んでしまった。チプリアーノ神父は続けて言葉を繋いだ。

「彼はクロではありません。なぜなら、クロであれば聖職者を続けることができません。聖職者を今も続けているとしたら、クロでないという証《あかし》です。またホテルに女性と入ったといっても、男女の交わりはしていないでしょう。なぜなら聖職者は女性との交わりが禁じられていますから。男女の関係はなかったのでしょう」

したがって神父は犯人ではない、との見解を示した。教会側にとっては当然の応答であろう。ところが、チプリアーノ神父はやや声を落として私にこう言ったのであった。

「カナダに行かれるのであれば、(神父に) アポをとらない方がいい。アポをとれば必ず拒否されるでしょう」

つまり不意をつくような突然の訪問の方が、会える確率は高いとの忠告を受けたのだった。そして、「私の線からも、何か情報があれば調べてみましょう」と、実に協力的な姿勢にびっくりしてしまった。

関谷編集長にしても同様な姿勢を見せて、ドン・ボスコ社の奥の書棚から一枚の写真を引っ張り出してきて私に見せてくれたのだった。そこには数名の編集スタッフとともに、若きベルメルシュ神父の姿が写っていたのである。一体、いつ頃撮られた写真であるのか。撮影時期は分らないとのことであるが、状況からみて、知子さんが英国に研修中の期間かもしれない。なぜなら、何か思いつめたような暗い影を漂わせている神父の面容であったからだ。

サレジオ教会の協力的な姿勢に、私は背中を押された。知人の大学講師に話すと「やっぱりプロテスタントと違ってカトリックですね、オープンですね」と感心していた。宗教にあまり関心のない私は、なぜオープンなのか突っ込むことをしなかった。

もうカナダに行くしかない、と心に決めた。妻からは、「本人かどうかもわからないし、たとえ同一人物としても取材を受けないでしょう。行くのは無駄」と言われたが、反対を押し切り実行したのだった。

いざ、神父の住む町へ

神父を探す旅に出たのは二〇一四年一月半ばのことだった。ともかく時間がないのだ。神父はすでに九三という高齢、残された時間はない。急がねばならぬ。

とはいえこの年、ナイアガラの滝は七二年ぶりに凍結し、体感温度はマイナス三三℃というニュース（一月一一日付）が飛び込んできた。カナダのニューブランズウィック州はナイアガラの滝からそれほど遠く離れていない。目指すセント・ジョン地域も相当の寒さであろうし、覚悟をしなければならない。寒さに弱く、軽度のメヌエル症候群の持病もあり、かつ飛行機も苦手な私であったが、「神父を探し出し、会うぞ！」という強い意志の方が勝ったのである。

ボーイング777機（定員二七〇人）はほぼ満員。機内にいた私は、すでに神父と同姓同名の人物の住所を知り得ていた。私が接触した各国大使館か教会側関係者から、私宛にファックスが届いたのである。そのファックスの差出人は不明だった。セント・ジョン市の聖職者の名前のコピーが英文でズラリ。七二名が記されてあった。

私はルーペで名前を順次、見ていった。と、神父と同姓同名の文字が目に飛び込んできたではないか。そして余白に住所らしきものが記されている。

さらに驚いたことに翌日にもう一枚のファックスが届けられた。老人の写真であった。顔ははっきりせず、再びルーペでのぞき込むと、薄い眉、般若顔の特徴は、ベルメルシュ神父とよく似ているではないか。写真の日付からすると、この人物がベルメルシュ神父ならば八四歳の時で九年前の写真となる。

この二つの資料から神父と断定はできないものの、暗中模索のスタート時点を思えば、これだけ情報があれば十分だ。このファックスを受け取ったことが、カナダに行くことを決めた大きな理由であった。

成田を飛び立ち約一二時間後、トロント・ピアソン国際空港に到着した。ここでセント・ジョン行きの便に乗り換える。だが、天候の悪化によりディレイ（遅延）に次ぐディレイで結果、一三時間もこの国際空港に滞在することとなった。

その時間を利用して、カナダ・ニューブランズウィック州出身、できればセント・ジョンを知っている人たちを見つけて、神父について聞いてみた。日本から持参した、神父の引き伸ばした写真を見せたのである。質問をしたのは二十数名。

結論からいえば、セント・ジョン出身者であっても神父を知る人はいなかった。熱心なカトリック信者と自認している人たちも、「わからない」「知りません」ばかりだった。

しかし空港に勤務する数人の女性スタッフは関心を示し、次から次へと事件の内容を聞いてくる。被害者がＢＯＡＣのキャビンアテンダントであったからだろう。サスペクト（容疑者）が神父と聞くと、まじまじと写真を見つめた。

そして「なぜ半世紀前の殺人事件の容疑者を追っかけているのか。日本からこのカナダまで来る執念は、被害者の身内関係か」と問われた。説明すると納得したのか、「ぜひ、サスペクトと会えますように。幸運を祈っているわ」と励まされる始末であった。

セント・ジョン行きの飛行機に一三時間の遅れでようやく搭乗することになった。出発ロビーから入口の通路を歩き、建物の外に出た。気温マイナス一五℃。凍てつくような寒さが顔を打つ。時刻は午前三時半。漆黒の闇の前方五〇メートルほどに国内機が待機していた。ライトに照らされてまだ小雪が舞っている。降り積もった雪の上を歩いて機体に乗り込む。

乗客は七〇人ぐらいでほぼ満席であった。目的地のセント・ジョンまで約二時間のフライトである。

私の隣席は学生風の男だった。話しかけると、セント・ジョンにあるニューブラウンズウイック大学セント・ジョン校の三年生とのこと。とりとめのない会話をした後に真面目な学生と判断、アシスタントを依頼した。

「明日時間があれば私の助手のバイトをやらないか。四時間で一〇〇カナダドル（当時のレートで約八五〇〇円）払うよ」。学生は関心を示した。「ある人物を探しているので手伝ってくれればいい」と言うと、学生は「ぜひ、お願いします」と話に乗ってきた。

私が事件の経緯を話すと、学生は無口になった。殺人事件の重要参考人を探すと聞き、恐らくびっくりしたのであろう。セント・ジョンに到着するや疾風の如く席を立ち、私の前から姿を消したのだった。仕方ない、あらためて助手を探さねばなるまい。

出口に向かうと、人相のあまりよろしくないグループが乗客たちをジロジロ見ていた。実はこの集団の中に、私に協力してくれたタクシードライバーのケビンがいたのだった。ケビンがいたおかげで私はベルメルシュ神父と奇跡的に会うことができたのだ。六人の子を持つ父親というケビンは、自ら熱心なカトリック信者と言った。

このセント・ジョンはカナダの最東部に位置する。市の観光案内よれば、渦潮の逆流現象のリバーシング・フォールズ（レバーシング滝）が有名。他に帝国劇場やニューブランズウィック博物館などがある。市の人口は約六万七千人である。この州は英語とフランス語の二つが公用語であり、カナダでは唯一バイリンガルの地域となっているという。

殺人事件の元重要参考人とは言わず、「昔世話になった神父」と言うと、ケビンはいたく感動し、「俺が探してやるさ。たとえ老人ホームにいたとしても探してやる。わざわざ遠い日本からやってきたのだろう、任せておけ」と心強い返事であった。

こうして頼りになる相棒を得た私は、神父の住所をたよりにようやく居住先を見つけた。

鬼の形相

神父が住んでいるのは、このセント・ジョンでは超高級マンションだという。豪華にして瀟洒な一五階建てだった。ここの一一階の一四号室に神父がいることになっている。

エントランス前に立った時、私の胸は高鳴り足元は震えた。マイナス一六℃の寒さはまったく気にならなかった。日本を出発して四八時間が経っていた。距離にして約一万二千キロ。やっといま、神父の住むマンションの前にいるのだ。

とはいうものの、元重要参考人と同一人物とは断定はできない。しかし可能性はかなり高い。マンションは厳重なセキュリティで守られている。ここを突破しなくてはならない。

ケビンは「まかせろ」と言い、ダイヤルをぐるぐる回す。管理人としばし話し合っているとがっしりとしたドアが開き、四十代ぐらいの管理人が顔を見せた。

ジロっとケビンと私の風体をチェックするようであった。管理人はその直後にマンション内の電話で一四号室に連絡。が、返答はなかった。

「寝ているか別の場所（トイレかレクリエーション室）かもしれない」

結局この日は会えず終いだった。

翌日。神父を待つ間、マンション一階のソファに座っていた。前方にエレベーターが二基ある。どちらかのエレベーターから神父が姿を見せるはずである。緊張のためかすでに喉がカラカラになっていた。ケビンが私の背中を手でポンとたたき、「まもなく会えるじゃないか。神父様とさ」と、段取りは自分がとったと言わんばかりに親指を立てた。

あの人物が今、長い時を経てまもなくエレベーターから姿を見せる……世界中を探し回っても見つけ出し直接取材したい、これをしもマスコミの責務とさえ思っていた若き頃の私であった。それがいま実現するとは！

だがちょっと待て、落ち着け。別人の可能性もある。知らないとシラを切ることだってあり得る。私の体は極度に緊張して手も足もぶるぶる小刻みに震えはじめていた。

と、背後から闇の声がぐわーんと聞こえてきた。被害者の武川知子さん、鬼刑事の平塚八兵衛、事件に関わった警察官ら、それに分厚い唇の松本清張の顔が次々と現れて、「何を怖気づいているのか、しっかりしろ！」と叱咤する声が……。少し勇気が出た。

右側のエレベーターのドアが開いた。緊張がさらに走った。足元が再び震え出す。現れたのは老婦人であった。その後もエレベーターのドアは開いたが、現れたのはすべて別人だった。どうやら、このマンションは年配者が多く住んでいるらしい。

それにしても心臓によくない。ドアが開くたびに心臓がドキンと波打つのである。

待つこと一五分。二基のエレベーターのドアがほぼ同時に開いた。左側からは年配の女性。右側のドアからはゆっくりと右足がのぞき、長い脚が現れた。

まるでスローモーションのような遅々とした動きであった。身長一メートル七五センチぐらい。ベージュのズボンに縦じま模様の長袖シャツを着ていた。杖もつかずに自らの足でゆっくりとこちらに近づいてくる。

「あの神父だ!」。瞬間的に私はソファから立ち上がった。

が、その顔を見た時、戦慄が走った。足がぶるぶる震え、ケビンもソファからすっくと立ち上がって身構えたほどであった。なにしろ外見はいかにも老人であるけれど、面容が違っていた。目をつり上げた怒りの形相は、雷神の如くという形容がぴったりだと思えた。子供がこの面容をみたら間違いなく泣き出すであろう。それほどの怒りの極致に見えた。怒りの形相がゆっくりとこちらに歩を進めてくる……。

若き頃、ベルメルシュ神父は苦み走ったハンサムな白人で、女性にも好まれるタイプと言われた。いま目の前に現れた人物は、まったく別人と言えた。いや、本当に別人かもしれない。

彼は私の一メートル前でピタリと足を止めた。

時に二〇一四年一月三一日午前一一時一〇分、神父が日本から脱出して五五年五か月と一六日目のことであった。

彼は怒りの形相を浮かべたまま、口を開かずに黙して私を睨みつけてきた。

知子さんが今生の最期に見たワンカットは、このような形相であったのか……。実は、後に私が再び知子さんの遺体発見現場を歩き、武蔵野の面影が若干残る大宮神社の裏手にしばし佇んだ時、あの時の神父の形相は、知子さんがルノーの車内で見た最期のワンカットと同じだったのではないかと感じたことも、再びＢＯＡＣ事件の筆をとる動機の一つであったのだ。

それほど神父の形相は、まさに電気が全身を走ったような、と形容する以外に言葉を見つけることができない恐怖を、時間が経つにつれて私に感じさせたのである。

タイムマシーンに乗せる

神父と対面した私は腹をくくり、意を決して、自分の方から神父との距離をつめて頭を下げた。

「日本から来た者です」

名刺を差し出すと、彼は右手で受け取った。

「日本からあなたに会いに来た目的は二つです」と言うと、「それ以上しゃべるな」という風に手で制して、やや斜め後方に控えていた大柄なケビンに向かって威嚇するような口調で、詰問するように怒鳴った。

「フー・ユー（お前は誰だ）」

びっくりしたケビンは直立不動の姿勢となって、

「運転手です。タクシー運転手です」

と応えた。

大柄で人相があまりよろしくないケビンを、用心棒かはたまた殺し屋と思ったのだろうか。さらに老人は、たたみかけるように私に向かって「他に誰かいるのか」と迫り、周囲を見渡した。

「他には誰もおりません。私はたった一人であなたに会いに日本から来たのです。たった一人で」

〝一人〟を強調し、心の中で（復讐に来たのではありません）と言葉を繰り返した。するると怒りの形相が少し崩れてホッとした様子をみせたのである。この瞬間、この老人はベルメルシュ神父に間違いないと確信した。

神父はこちらに来いという仕草を見せて、ゆっくりとマンションの奥に向かって歩き出した。いったいどこへ連れていくのか。ケビンに「ちょっと待ってて」と目でサインを送り、私は神父の後に続いた。

案内された部屋はマンション住民の共用スペースのようで、三〇畳の広さはあろうか。部屋の隅には一人掛け椅子がズラリと並んでいた。一見すると舞踏会でも行われるようなスペースであった。ここがレクリエーション室かもしれない。他に人は誰もいなかった。

神父は部屋のほぼ中央の椅子にゆっくりと腰を下ろす。私は神父の前に立つ。対峙する格好となったが、部下が何かのミスを犯し、上司に対して事の経緯を釈明するが如しといった場面の方が似つかわしいかもしれぬ。

まず、私がなぜ日本から神父に会いに来たのか。その理由を説明しなければならない。すでに内容は事前に用意していた。それは読売新聞社の元記者、奥山達さんのメッセージを届けるというミッションである。神父と奥山さんとの約三〇時間の空の旅は、神父にとって決して不快なものではなく、むしろ懐かしい思い出に違いない。これをきっかけとすれば神父の心は和らぐ。その後に神父からいろいろ聞き出そうという戦略であった。

「もし神父と会ったら伝えて欲しい」という奥山さんの言葉を活用しようと考えた。エール・フランス機での、奥山さんとの〝旅は道連れ〟を再現すべく話し始めた。

するると、神父の表情は明らかに変わり、当初の怒りの形相から、少し微笑の漂う目つきになっていったのだった。そしてほぼ直立不動で話す私に、「座れ（ハブ・ア・シート）」と口に出した。「サンキュー・ソー・マッチ」と応えて、神父の隣の椅子に座った。

私の英語は決してスムーズではないものの、懸命に神父に伝えようとする姿勢が、かえって好感を持たれたのかもしれない。

「あなたは日本の新聞記者、ミスター奥山と同じ飛行機で日本を飛び立ち、北極回りでパリのオレリー空港まで三〇時間もご一緒しておりましたね。途中のアンカレッジ空港やモスクワ空港でミスター奥山を誘って、コーヒータイムを過ごしましたね。取材を許可してもらったことを、ミスター奥山はたいへん喜んでおりました。『もし神父さんに会ったら、あの時はいろいろとお世話になってありがとうございましたと伝えてくれませんか』と奥山さんから言われています」

すると神父は、「彼（奥山さん）はいくつになったのか」と聞き返してきた。

しめた！　話に乗って来た。

「現在八八歳です。週に二回透析するために病院に通っていると、ミスター奥山は言っておりました」

「ふ〜ん、自分はもう九四歳」と言い返された。この時私は、目の前の人物がＢＯＡＣ事件の元重要参考人の神父であることを一〇〇パーセント確信したのだった。

ただ、神父は九四と言ったが実際は九三歳であった。半年後の誕生日（七月）に九四歳となる。少しサバを読んでいた。

そしてオレリー空港で別れる様《さま》を、奥山さんから聞いたまま、微に入り細をうがって私は説明した。神父は黙って聞く。それから日本のサレジオ教会の情報へと話を転換した。神父が関心を抱くであろう話題で場を温め、心をオープンにさせる狙いであった。

事件当時、ベルメルシュ神父をガードしたバルバロ神父のその後を話す。教会から情報を得ていた私は、バルバロ神父が二〇〇〇年二月にローマで亡くなったこと、墓碑には「日本におけるキリストの光」と刻まれていることなどを話した。

ベルメルシュ神父はこの情報を知っていたのか、特別な感情を見せることはなかったけれど、墓碑という言葉には若干、反応を見せた。神父自身が亡くなった時に果たして墓碑が建てられるのか。墓碑は生まれ故郷のベルギーかあるいは終の棲家を定めたこのセント・ジョンか。墓碑の言葉に反応を見せたのは、ひょっとするとバルバロ神父と張り合う心理が働いたのかもしれぬ、と勝手な想像が働いた。

私はベルメルシュ神父をタイムマシーンに乗せるべく、日本の、事件当時の時代に連れ戻そうと必死であった。

いきなりズバリと事件に触れることは得策でない。神父にとって極めてデリケートな部分である。触れては欲しくない微妙な琴線に私の言葉がちょっとでもタッチするならば、再び怒りの形相に戻り、部屋から追い出されてしまうに違いない。

かといって全く事件に触れないわけにはいかない。要は頃合い、タイミングの問題である。神父の表情をつぶさに観察し、ほんの些細なことでも察知して軌道修正しながら話を進めていく。

大事なことは、できるだけ長く神父を私の前に留めておくことである。そしてタイミングを見極め、さりげなく事件に触れて、神父から新たなドキュメントを引き出す。これがポイントである。

バルバロ神父の墓碑にかすかな反応を見せたベルメルシュ神父。バルバロ神父といえば、警視庁菊屋橋分署の事情聴取に同行し、そして雑誌『カトリック生活』の当時の編集長。ベルメルシュ神父はその部下であった。常にこの雑誌を小脇に抱えていたというベルメルシュ神父の日本時代で、いわば一心同体といってもいい愛着のある雑誌であったろう。

現在、この雑誌の七代目の編集長は日本人でヨシキ・セキヤ（関谷義樹）氏であることも話した。『カトリック生活』の話で、間違いなく神父の目の色は変わった。といってもすでに齢九三であり、皮膚はたるみ、顔にはシミが浮き出ており、髪も白くところどころ抜け落ちている。瞳も若干白濁して、〝ザ・老人〟といった体であった。それでも表情は敏感に変化するのである。

核心に迫る

このタイミングだ！　私は速やかにバッグから古い雑誌を取り出し、神父の目の前に差し出す。神父は「はあ」と小さな声を漏らした。と、同時にはっきりした日本語で、

「カトリック・セ・イ・カ・ツ」

と発したのだった。この雑誌はベルメルシュ神父が編集にも携わった当時のものだったから、ある種のショックを受けたのかもしれない。五〇年以上の時を超えて、懐かしさに言葉が出たのであろうか。現在の『カトリック生活』と違って当時のものは、表紙のタイトルは右側上に小さく印刷されていたのが特色であった。ページ数も若干少なめ。ちなみにこの雑誌の発行日は昭和三二年六月一日。


パラパラとページをめくり、神父に見せたものの、手に取ることはしなかった。知子さんの幻影を直感的に感じたからであろうか。毎月、知子さんに渡していた雑誌である。し

かも英国研修中の知子さん宛に送っていたというほどなのだ。

最初に対面した時の驚きと緊張感は次第に薄れ、少しは落ち着きを取り戻した私は、次に用意した質問を神父にぶつけた。質問の内容は、『カトリック生活』の現編集長、関谷さんの言葉がヒントになった。

「日本で（殺人事件の）重要参考人のレッテルを貼られたが、このセント・ジョンの地であなたは名前の入った劇場、ベルメルシュ劇場をつくりましたね。私は劇場を拝見しましたが、素晴らしかったですよ。また、あなたはフランス語の中学校も設立させました。街の人たちもあなたを尊敬しているという話を聞きました。〝負〟をバネにしたと私は考えております」

実は神父と会う前、聖サレジオ教会、ベルメルシュ劇場、さらに中学校を視察していた。神父が司祭をしていた聖サレジオ教会の中年女性の信徒が、案内してくれたのである。

私はさらにたたみかけた。

「負をバネにするという秘訣は、一体何でしょうか」

神父の、若干白濁しかかった目をのぞき込んで問うてみた。かつてはブルーの瞳であったと思われる神父の目の動き、顔の筋肉のちょっとした変化に全神経を集中させて観察したのであった。

私の中では次第に、こちらがマウントをとりつつあるという気持ちが湧いてきていた。もっとも言葉には気をつけねばならない。調子に乗って迂闊なことを口走るのは控えなければならぬ。私にとって神父との対峙は真剣勝負であり、一種の心理戦なのだ。

神父は嫌な顔をするのではなく、むしろ嬉しそうに頬の筋肉を微妙に動かして、首を若干左右に振った。「わからない」という仕草か、それとも「自分の実力」と自負する表情であったのか……。ただ、言葉は出てこなかった。私は続けた。

「さまざまな事件で汚名を着せられ、それを晴らせない人たちは、わが日本でも少なくありません。あなたの成功は彼らには大いなる励みとなります。何かヒントになるお言葉があれば、いただきたいのですが……。実はこれが、あなたに会う目的の一つでした」

すると両手の掌を上にしたゼスチャーを見せた。「そんなこと言われてもわからない」という意味であろうか。

神父が日本にいた当時の『カトリック生活』にて、サレジオ教会が推薦するイチオシ映画は「間違えられた男」(The wrong man)であった、と前に記した。

~善良な一市民が犯罪者の汚名を着せられてしまう。しかもアリバイもあやふやと、すべては彼にとって不利なことばかり。追い詰められた人間の心理を表すには最適なストーリーの実話だ~この概略を書いたのはベルメルシュ神父かもしれぬ、と記した。

神父はこの映画を思い出したかもしれない。あるいは、やはり何かを恐れて言葉を発しないのか。私は話し続けた。

「たとえば三五代アメリカ大統領はジョン・F・ケネディ空港と名前を残しているし、リンカーン大統領は全米各地の道路に名前が多くあります。レーガン大統領は航空母艦に名前がついています。あなたもカナダのこの街、セント・ジョンに名前（ベルメルシュ劇場）を残していることは偉大なことです」

と言い、さらに、

「したがって犯罪の汚名を背負って生きている人たちにあなたは、夢と希望を与えています」と話しかけたのである。さらに私は畳みかけた。

「ぜひ、あなたのメッセージを……」

その間、私は彼の目の動き、顔の筋肉のちょっとした変化を全神経を集中して観察していた。神父と私の対面は奇跡のようなものである。こんな機会は二度とない。これまでの事件記者としての経験を、すべてぶつけて挑んだのだった。

ベルメルシュ神父の手の動かし方、微妙な右足の揺れは何を意味するのだろうか。いわゆる貧乏ゆすりとははっきりと違う。何かを恐れている震えであろうか。この恐れは営々とこの地で築き上げてきた神父の実績が、日本での〝黒い過去〟によってガタガタと崩れ去るのではないか、という恐れではないか。

それだけに用心深くなっているのであろうか、神父はなかなか言葉を発しなかった。「カトリック・セ・イ・カ・ツ」以外は、「あぁ」とか「う〜ん」とか「おお」の感嘆詞ばかりで、意味のある言葉は神父の口から出てこなかった。

この状況を見て私は確信した。

これまでは資料だけを通じて神父の人物像を模索してきた。事件について疑いはあるものの、何か心のうちがすっきりとしなかった。いわば模糊とした霧の海のような部分が残っていたのだった。しかし、神父とこうして対面していると、このベルメルシュ神父のほかに〝下手人〟は考えられない。ほぼ、間違いない……。

神父に会う前、私が会った教会の信者たちは、神父のすばらしさを尊敬の念を込めてつらつらと語ってくれた。もちろん日本の〝黒い過去〟を知る人は、誰もいなかった。彼が、このセント・ジョンの聖サレジオ教会の信者たち、あるいは彼の設立したフランス語の中学校の教師および生徒、その保護者たちに、日本での〝黒い過去〟を知られたくないのは当然である。

神父の徹底した「過去の隠蔽」が奏功したのか、日本の国会にも取りあげられたセンセーショナルな殺人事件の元重要参考人は、カナダのセント・ジョンで神父として尊敬される人物となった。その名声は地元にとどまらない。教会内のホールには、カトリック教皇庁のトップ、ローマ教皇の写真とともにベルメルシュの写真額が掲げられていたのだ。

心理戦の果てに

神父の様子をうかがいつつ、核心に迫る質問に向けて、頭の中では何度もプランの微調整を行なっていた。

その時、神父の口から言葉が漏れた。

「私は九四歳」

鬼の形相の後は〝暖簾に腕押し〟のような時間が続き、その次は泣き落としだろうか。私の登場を身に迫った危険と察知し、年のせいにして、そろそろ終わりにしようといった雰囲気を醸し出してきたのだろう。

すると神父は、いきなり左手の袖をまくって、私の目の前に腕をにゅっと突き出してきたのだった。大きなグローブのような手と太い腕。けれども現実は年のせいで萎れて張りはなく、ところどころに茶系のシミが浮いている。手の甲にもこげ茶のシミが点々としていた。いかにも年寄りの腕であった。

まさにこの手で知子さんを……と神父の腕を凝視していると、

「ここを見てくれ」

と、肘を曲げる箇所あたりを見ろとの仕草を見せた。

「どこですか」

指定された箇所に視線を注ぐが、ただの萎んだ老人の腕にしか見えない。するとベルメルシュ神父が、しゃがれた元気のない声でボソリと言った。

「注射針の跡……」

ほんのうっすらと見えるといえば見えるが、はっきりとわからなかった。

私は神父の腕と手を見ながら頷く格好をした。私の納得する姿勢に、「そうでしょう」という反応を神父は見せた。しかし私は、注射針の跡などどうでもよかった。頷く格好を見せたのは、「あなたのこの手、この腕で実行したのでしょう。間違いないですね」と内心で呟き、首肯する意味であった。

ベルメルシュ神父は初めて、意を決するように言葉らしい言葉を放った。

「もうまもなく死ぬ。私はガンです。死にます」

今にも泣き出しそうな、悲しそうな、憐みを乞う表情を浮かべ、私に訴えるように言ったのだった。

最初に対面した形相からはまったく考えられぬ面容の変化に驚いた。神父といえども人間である。喜怒哀楽の感情はある。初対面からここまでさほど時間は経っていないが、神父の内面ではめまぐるしい感情の変化が起きていた。しかも乱高下といった変化であった。

神父の目には、うっすらと涙さえ滲んでいた。今にも泣き出しそうな表情に、私は思った。ここで涙の一滴でも頬に落ちれば、それこそ罪を認めたという、ある種の確認がとれたことにもなる。そう、ベルメルシュ神父がここで慚愧の涙を流せば、日本での〝黒い過去〟を自ら認めたことになるではないか。

泣け！　ベルメルシュ神父よ、泣け！

もしここにテレビカメラがあれば、最高の仕事になるだろう。このタイミングで神父が涙を流すVTRが撮れれば、視聴率を稼げるコンテンツになる。私はテレビ局時代の感覚を思い出していた。

その一方で、神父の戦略にまんまと嵌り、情にほだされた部分もあったのだろうか、打算とは別のところで、「泣いてもいいんだよ。我慢しなくていい、心を解放して！」との思いも湧きが上がってきた。この二つの感情が私の頭の中で交錯し、揺さぶるのだった。

とにかくあと一押しすれば、神父の心の牙城は崩れるかもしれない。

「この手で、あなたがやったのですか」

と心の中で呟くも、声には出せなかった。まだまだ事件については掘り下げが足りない。「それはどういう意味だ?」とすっとぼけられて、最悪の場合部屋に戻ってしまうかもしれない。心理戦ではいささか優位に立ったかもしれないが、ここは神父の住むマンションなのだ。相手の土俵にのっていることを忘れてはならぬ。

そうした私の逡巡を感じ取ったのだろうか。神父は引き続き、憐れみを乞う泣き落とし作戦を続けた。彼は最後の切り札を持ち出したのだ。

「私はガンだ。もうすぐ死ぬ」

続けて彼は、幕引きを図る言葉を口にした。

「もうベッドに戻り寝ていなくてはいけない」

そう言われてしまえば、そろそろお暇しなければならない。

最後に奥山さんへのメッセージをお願いすると、神父は口元に苦笑いを浮かべ、

「こんにちは。以上です」

と言った。

そして「写真を撮らせてください」とお願いすると、神父は入れ歯の嚙み具合が少しずれたのか、口をもぐもぐさせて、「NO、NO」と拒否した。

「日本からあなたに会いにきたのです。記念に写真を……」と食い下がったのだが、首を

左右に振り、「ダメ」を繰り返した。こんな老人を写真に撮るのはやめて！　と言わんばかりに、いかにも弱々しい老人の体であった。

神父が自分の部屋に戻る際、私は日本から持参した手土産を渡した。江戸時代のカップルの絵柄の袋に入った、日本橋人形町の和菓子である。もっとも受け取らないと思っていたけれども、神父は江戸時代の絵柄に興味があったのか、ジロジロ見たうえで受け取った。若い頃から神父は、日本の時代物に関心があったのだろう。

私からのプレゼントを受け取った神父は、紙袋の中をのぞく。私は、「中身は歯にやさしい和菓子です」と説明した。

と、神父は私に向かって右手を差し出し、握手を求めてきたのだった。私も神父の大きな手を軽く握り返した。あまりに大きな手で、私の手が包みこまれるようであった。シミがあちこちに浮き出た弱々しい老人の手ではあったが、若き頃はがっしりとして力も強かっただろうと想起させるに十分な手だった。

このようにして神父は、病気を盾に、私との対面を終了させた。

セント・ジョンでの神父の足跡

神父はゆっくりとした足取りで土産袋を手に持ち部屋を出た。神父の真後ろに私は続く。三、四メートル前方を左に曲がると、すぐにエレベーターである。右手のソファで待っていたケビンは、神父を見ると、またもすっくと立ち上がった。最初の対面に恐れをなしていたからだろうか。それとも熱心なカトリック信者であるから、神父への敬愛の態度であろうか。

神父はエレベーターに乗り込みドアが閉まった。もう二度と、神父と会うことはないだろう。エレベーターは一一階を目指して昇っていった。このエレベーターのドアに向かって、私はあらためて、事件の下手人であるのは間違いないだろうと確信したのだった。

神父の姿が消えたのを見て、ケビンが話しかけてきた。

「世話になった神父に会えたじゃないか。よかったな。でもまるで殺人鬼のような怖い顔だったたな。あれで神父とはびっくりした」

ケビンには神父の過去を明かしていなかった。明かしていたらサポートを引き受けてくれないと思ったからだ。トロントからセント・ジョン行きのローカル機内で学生にアルバイトを依頼し、いったんは引き受けてくれたものの、尋ね人が殺人事件の元重要参考人と聞くや、疾風の如く逃げたからである。ケビンはこのセント・ジョンの街を愛している。ほんとうのことを言えば、「同じ町の住民がまさか」と思って協力を拒否するのは目に見えている。したがってケビンには最後まで神父の素性を話さなかったのだ。結果、正解であった。

神父と対面する前、ケビンの協力で聖サレジオ教会を訪ねていた。教会内に足を踏み入れると、たまたまミサが終わったばかりで、多くの信徒と出会った。そのうち一人の中年女性に話を聞く。女性は教会入口のホール内に掲げられているベルメルシュ神父の写真額を見つめながら言った。

「神父様はやさしくて穏やかで素晴らしい人です。でも最近は年のせいで教会に姿を見せずに寂しい思いをしている」

「素晴らしい人とは？」

「この教会をつくっただけではありません」

女性信徒はこちらの手を引っ張るように教会の出口から外に出て、右側前方を指して説明した。

ルイス・ベルメルシュ神父。
セント・ジョンの聖サレジオ教会内

「司祭　ベルメルシュ神父」

「神父様がお作りになったフランス語の中学校です」

一階建ての長い建物が見える。広い駐車場には数台のスクールバスが並んでいた。要するに駐車場を挟み、教会の隣が学校となっていたのだった。神父がこの街で教会や学校の設立に関わっていたことに驚いた。

さらに、四〇年前から神父を知っているという初老の信徒が言う。

「神父は劇場を設立したり、学校をつくったり、あるいは演劇や映画、絵画などの芸術に造詣が深かったですね。出身ですか？　オランダあたりではないですか」

初老の信徒は、神父が過去に日本にいたことも母国がベルギーであることも知らなかった。

それにしても、オランダあたりではないか、と初老の信徒が言った。

オランダ出身の人物といえば、世界的な画家、フィンセント・ファン・ゴッホを思いつく。唐突にゴッホと思われるかもしれないが、画家になる前は強く聖職者を志していたことは、知る人ぞ知るエピソードだ。

聖職者になるため、ゴッホは勉学に励む。だが、神学部に入ることの難易度は高く、挫折した。なにしろ聖職者になるには、代数や幾何学、歴史、地理を学ばなければならず、修了には七、八年を要するほどハードルが高かった。

とはいえゴッホはなかなか聖職者の夢を捨てきれずに、ベルギーに移住して、貧しい人や病人など弱い人のために役立ちたいと、伝道師のようなことをやっていたのだ。

結局ゴッホは終生、聖職者にはなれなかった。画商の店員の経験から絵を描くようになったが、生前はあまり売れず、有名になったのは死後であった。

ベルメルシュ神父は当然のことながらゴッホの歩み、経緯を知っていただろう。ヨーロッパのベネルクスに生まれ、聖職者を目指したのは共に共通している。ゴッホは挫折したが、神父はその職を得た。それだけに神父はプライドを持っていたと考えられる。

ゴッホはその後、自ら命を絶ち（これについては諸説あり）三七歳の短い人生を終えた。一方、神父は天寿を全うした。まるで正反対である。

さて、神父について私に説明してくれた初老の信徒は、

「毎年七月に神父様の誕生日会がこの教会で行われます。今年も楽しみにしているんですよ」

と頬をほころばせた。

神父の手による聖サレジオ教会なだけに、デザイン、内部のレイアウト、装飾などを含めてベルメルシュ神父の嗜好が反映されていたはずだ。ならば教会内のホールにローマ教皇と共にベルメルシュ神父の写真額が並んでいたとしても、驚くにあたらないわけだ。

教会の後にケビンのタクシーで「ベルメルシュ劇場」へ向かった。正式な劇場名は「Theatre Louis Vermeersch」、ルイス・ベルメルシュ劇場といった。

だが、劇場名の看板はどこを見渡しても見あたらなかった。なぜ劇場名の看板や文字がないのだろうか。表通りに面しているために誰の目にもとまる。ひょっとすると名前から過去がほころびるかも、という恐れであろうか。単に自分の名前をさらすのを良しとせず、謙虚な気持ちを訴えたのかもしれない。いずれにせよ、神父の真意を知るものはいなかったと思われる。

セント・ジョンには大きな帝国劇場がある。先ごろエリザベス二世の死去に伴いイギリス国王となったチャールズが、皇太子時代にコンサートを聴くために訪れている（一九九

六年)。しかし庶民のための劇場はこの地域にないことに、神父は着目したようだ。日本時代には映画や演劇に関心のあった神父である。ならばセント・ジョンに、と考えたのではあるまいか。

私がこの劇場を訪問した際、女性スタッフが場内をこと細かく説明してくれた。客席、舞台、照明のあたり具合、たぶんこちらを顧客と勘違いされたに違いない。

ベルメルシュ劇場発行のガイド紙より

私は劇場名に神父について質問したのだが、「創立者についてよく知りません」とのこと。

帰り際に「ご検討ください」と言われて、タブロイド判のガイド紙をいただいた。内容は催しやエッセイが掲載されている。文面を見渡すと、はっきりとした文字で神父の名前が記されてあった(写真参照)。ガイド紙はフランス語のみで書かれていた。

地元の大学で名誉博士号を取得

神父の葬儀の後、一般信者たちは神父とゆかりのあるサミュエル・ド・シャンプランのコミュニティ・センターで軽食をとった、と前に記した。シャンプランとはケベック植民地の基礎を築き、「ヌーヴェル・フランスの父」と呼ばれた人物で、この名を冠したコミュニティ・センターの設立に、ベルメルシュ神父が深く関わっていたとも記した。

神父がセント・ジョンで成し遂げたことを見ていくと、〝フランス〟という柱で貫かれていることがわかる。聖サレジオ教会の神父の写真にある〝司祭〟という肩書きがフランス語（CURÉ）で書かれていること。中学校はフランス語教育の学校であること。

なぜ神父は、フランスにこだわっていたのか。理由はセント・ジョンの歴史的背景にまでさかのぼらなければならない。

カナダといえば、一般的に西海岸の方、つまりバンクーバーは英語圏、東海岸の方のケベック地域ではフランス語圏と、言語が異なっていることはよく知られている。フランス領と英国領の植民地というベースの違いがあるからだ。

しかしセント・ジョンだけは、バイリンガルである。このことを知った時は、単純にバイリンガルなんていいな、くらいにしか思っていなかったが、これには歴史的背景があるのだった。

セント・ジョン市庁の観光案内によれば、観光スポットの一つに「ロイヤリスト墓地」がある。アメリカ独立戦争の頃、アメリカの独立に反対する人たち、つまりイギリス王室に忠誠を誓う人たちは、逃げるように北方に移動。イギリス王室が用意した船舶に乗って、行き着いた先がセント・ジョンだった。

彼らはロイヤリストと呼ばれ、ここに住みつくようになった。この地で木材貿易や造船業に励み、町は発展した。もちろんこの土地には、ネイティブの人たちや、最初にケベック州を植民地にしたフランス人も住んでいた。ただ、ロイヤリストたちの頑張りでセント・ジョンが発展したのは、疑いのないことである。

ところが、セント・ジョンに悲劇が襲った。一八七七年六月、大火に見舞われて町はほぼ壊滅したのだった。この復興に貢献したのもロイヤリストたちであり、現在に至っているのだ。

毎年七月の〝ロイヤリストの日〟には祭りが実施され盛り上がっている。キルトスカートの衣装を身に着けて踊ったり、バグパイプを奏でたり、いわば英国植民地時代を彷彿とさせる催しだという。

要するに英語圏の、つまりロイヤリストの末裔たちは、プライドを持ってこの町で暮らしてきたのである。人口比からもそれは言える。現在、セント・ジョン市の人口約六万七千人のうち、約九割が英語圏の人々なのだ。

したがってフランス語圏の人々は、あらゆる点で不利な立場に置かれている。施設やサービス面は、圧倒的に英語圏に有利に働いていた。マイノリティとして不便さを被ってきたフランス語圏の人々の不満は募り、英語圏との摩擦は古くから存在していたという。

このような歴史的な背景が複雑に絡み合ったフランス語圏の窮状を汲み取り、フランス語がネイティブの神父は、フランス語圏の文化興隆に力を注いだのであろう。

この結果、神父の功績が認められることになる。地元のニューブランズウィック公立大学から名誉博士号を授与されたのだった。

三月の死

聖職者とはいえ、やはり人間である。彼は私と対面した後、日本時代にタイムスリップしたはずだ。とくに知子さんとの濃密な八か月間を、細部に渡って繰り返し思い出したのではないか。それは甘い記憶もあろうが、大半は忌まわしい過去だ。

セント・ジョンの町で神父の日本時代を知る者は皆無であった。当然だ、神父自身が黙して語らなかったのだから。かつて抱いた東洋への関心はおくびにも出さず、聖職者として、またフランス語文化圏の興隆の中心的人物として、町の人々から敬意を集めていたのだ。

そして静かな晩年を過ごしていたところに、突然私が日本からやってきた。そのことで彼の心に生じた変化により、長い間蓋をして閉じ込めたものが、徐々に吹き洩れてきたのではないだろうか。

たとえば知子さんに似た女性を見れば事件を思い出していたであろうし、似ていなくても、アジア系の女性を見かけるだけで知子さんのひとコマが頭を掠めていたかもしれない、最期のワンカットを。いや頭を掠めるどころか、神父の夢枕にもがき苦しむ知子さんの姿が……。

もし神父が〝クロ〟だとしたら、いくら功成り名を遂げたとて、苦しみから逃れることは容易ではない。告解で許しを乞うたとしても、知子さんの亡霊――それは神父自身の良心が作り上げたものだろう――から逃れることはできなかったのではあるまいか。自分一人だけが抱える〝黒い過去〟を背負った、元重要参考人である。

私との面会時、やたらと死期の近いことをアピールしたのはその場を逃れるための方便であろうが、自らの死が遠くないことは、彼の頭の多くを占拠していたことだろう。人生の終幕、死を意識する時にあって、日本時代の「あの記憶」が生々しくよみがえってきたとしたら、自らの死にざまと、知子さんの無念の死を重ね合わせてとらえる時間が増えたのではないか。

そもそも人が死に至る原因は、心理的な影響が少なくないと言われる。生き物としての死とは、身体機能の不可逆的な停止を意味するが、〝心〟あるいは〝気〟の影響は少なからずある。古くから伝わる「病は気から」もこれに通ずるであろう。

私の経験や体験からすると、まさにそう感じざるを得ないのだ。私事で恐縮だが例を挙げ、その上で神父の死を考察すればご理解いただけるかもしれない。

私の母は神父と同じ九六歳で亡くなった。亡くなる二日前である。母は担当の医師Mさんをいたく信頼していた。その医師に母は問う。

「先生、どうしたらもっと長生きできますか」

すでに九六である。医師は苦笑いを浮かべて「私の方が聞きたいです」と答えた。続けて「どうしたら車椅子のいらない生活に戻れますか。治してちょうだい」

との問いに、「う〜ん」と言葉に詰まった医師を見た母は、

「わかりました。もうあちらへ行く」

と指を天に向けたのである。それから二日後に亡くなった。これ以上生きていてもつまらない、という気持ちが強く働いたのだろう。

また入院中の叔父さんを見舞いに行った際、彼はこう言った。

「人生を振り返ると、いい時も悪い時も必ず九の数字。死ぬのは間違いなく九絡み」

実際、亡くなったのは一一月九日だった。

夫婦仲の良い場合、どちらかが先に亡くなると、パートナーが追っかけるように亡くなることも珍しくない。心に左右されるからであろう。古くは名優・長谷川一夫夫妻がそうであった。昨今では石原慎太郎夫妻も。

ことほど左様に、死には〝心〟あるいは〝気〟の影響があるような気がするのだ。

翻って神父の死だが、知子さんと同じ三月にその時を迎えたのは、ただの偶然だろうか。

彼の晩年の、相当な部分を占めていたであろう知子さんの思い出と悔恨の情は、知子さんが亡くなったこの季節に自らの死を呼び寄せたのではないか――。

私には、そう思えて仕方ないのである。

第4章　「戦後最大の未解決事件」をめぐって

日本脱出後の歩み

ベルメルシュ神父の死後、神父側の縁戚関係と教会側からの情報を基に葬儀事業社のフィッツパトリック社が作成した資料により、さらに神父の明確な履歴が明らかとなった。ただし日本時代の履歴はほとんどなかった。重複するけれども敢えて以下に記す。

一九五九年六月に母国ベルギーに戻った神父は翌一九六〇年にカナダ・ケベック州のサレジオ教会からの辞令で、ニューブランズウィック州ジャキットリバーにあるドン・ボスコ大学で教鞭をとっている。日本時代の英語教師としての経験を買われたのかもしれないし、教会からの信望も厚かったのであろう。

一九六四年、東京オリンピックの年に、キャンベルトンの看護学校の教師に任命されている。神父は日本時代、知子さんをはじめ看護婦や聖路加病院の看護婦とも接触をもっていた。このあたりは何か不思議な縁を感じるではないか。

一九六九年、バサースト・サッドで教区司祭を務めた。

一九七五年、バサースト東部で、同じく教区司祭に任命された。

一九八〇年、ステラマリス組織が設立された時、セント・ジョン港に立ち寄る船員たちのために神父として務めた。ステラマリスとは、ラテン語で聖母マリアの古来の呼び名。海を旅する人や海で生計を立てる人たちの案内人として、神と人とを仲裁するものであり、毎年九月二五日に記念ミサが行われる。すべての船員の安寧と貢献を祈り、聖母に感謝を捧げる日であるといわれている。

一九八一年、セント・ジョンの新しい教区に聖サレジオ教会（ラギドポイントロード七七番地）の創設メンバーの一人に任命された。と同時に教区民の何人かと共にセント・ジョンのフランス語圏コミュニティのメンバーのためのサービス改善を求め、請願を連邦政府と州政府に働きかけた。

そして神父はセント・ジョン市の聖サレジオ教会の司祭を、一九九〇年夏、七〇歳の誕生日を迎えるまで務め、引退した。

その直後にニューブランズウィック公立大学の名誉博士号を授与されている。名実ともに神父は、セント・ジョンで名士となったわけである。

私が神父の名誉博士号授与の事実を知ったのは、神父の死後であった。私と対面した時にはすでに、名誉博士であったわけだ。

であれば質問をしたいことがあった。映画好きの神父である。当然のことながら世界的な名作「野いちご」を鑑賞しているであろう。スウェーデンの鬼才、イングマール・ベルイマン監督作品である。名誉博士号を授与される老教授の悪夢と追憶、という内容だ。

この映画では、悩みを持つ女性に老教授が「精神科医を紹介しようか、それとも当節流行りの神父でもいいよ」と言うセリフがある。この映画の公開は一九五七年。まさに知子さんが神父に相談した頃の時代であった。さらに劇中では、「あなたは罪を犯している」とか「重罪ですか」などのセリフが出て来て、何やらＢＯＡＣ事件を彷彿とさせるシーンもあるからだった。

名誉博士号を授与されて老境にいる神父がもしこの映画を観ていたら、きっと己の人生を重ね合わせたとも十分に考えられる。映画「野いちご」の話題にぜひ触れてみたかった、そして神父の反応を見てみたかった。今となっては残念である。

地元で一五〇年続く葬儀運営事業社フィッツパトリックの広報誌『ヒューネラル・ホー

ムズ』では、神父の記事を次のように締めている。

「ベルメルシュ神父はベルギーの息子であり、農業の長い伝統の家の出身からカナダのニューブランズウィック州の息子になり、北、南、公海に神の言葉を蒔きました。今、安心して休むことができますように」

数々の実績を残した元重要参考人のレッテルを貼られた神父は、かの地において九六歳で〝ベルメルシュ劇場〟の幕を下ろしたのであった。

波乱万丈の神父の人生を、どういった言葉で表せばいいのだろうか。人々の尊敬を集め、名声を高めれば高めるほど、極東の島国に残した「謎と疑惑」もまた、彼の中で存在感を大きくしていったのではないか。

神父について語った『カトリック生活』編集長、関谷氏の言葉が思い出される。

「キリストと同じように、罪を背負った生き方をしたのではないか」

何やら正鵠を得た言葉に聞こえないだろうか。

伝説の刑事、平塚八兵衛のけじめ

警視庁捜査一課のエース、〝落としの八兵衛〟こと平塚八兵衛は、ＢＯＡＣ事件では三〇時間にわたる事情聴取を担当した。さらに実施される予定であったが、その直前に突然、神父は帰国してしまった。平塚刑事は、この事件でもっとも心を痛めているのは、武川知子さんのご両親であろうと思ったという。日本の警察はいったい何を調べたのか、と不信感を募らせて激高しているだろうか、と。

平塚刑事はご両親に説明する責任を強く感じ、「刑事としてのけじめ」と上司の了解をとって、膨大な捜査資料をリュックサックに詰め込み、東京から知子さんのご両親の住む兵庫県へ向かったのだった。

まだ新幹線ができる前で、片道約六時間五〇分を要したという。知子さんの実家は、阪急ブレーブス（現在のオリックスの前身）の本拠地、西宮球場近くであった。

事前に知らせていたこともあって、実家では知子さんのご両親と姉の三人が待っていてくれた。三人を前にして平塚刑事は、リュックサックから分厚い捜査資料を取り出して、事件の経過を順次説明した。神父との出会いから映画のデート、ドライブそして英語のプライベートレッスンを受けていたことも細かく話したのだった。

さらに平塚刑事が話を進めると、知子さんの父親が、

「刑事さん、もう結構です」

と口をはさんだ。ラブホテルにさしかかった場面であった。父親は、

「神父さんと若い女性が密室に入るのは、もう許されないことです。これ以上は……。私どもは納得です」

と言って頭を垂れた。

親にすれば娘のラブホテルの場面など聞きたくないに決まっている。「納得です」という意味は、ご両親は娘の死を受け入れたということであろう。

平塚刑事は捜査説明を途中で打ち切り、当初は一泊覚悟の出張であったけれども、「やるせない気持ちとなり」その日のうちに帰京の途についたという。

神父と同じ飛行機に乗り合わせてスクープをものした奥山達さんは、私と会った当時、週に二回透析にかかっていると話していた。ご無事であろうか。読売新聞の旧友会（社友会）に連絡をとってみた。

すると——二〇一四年の晩秋に亡くなっていた。私と二度目に会ったのは、カナダから帰ってきたその年の二月のこと。したがって八か月後に鬼籍に入られたわけであった。

その時は、まだ元気に話されていた。神父から奥山さん宛のメッセージ「こんにちは」を届けると、「たったそれだけ?」と苦笑したことを思い出す。神父と機中で同席し大スクープしたことは忘れられないと見えて、「生まれ変わったら、また新聞記者」と即座に応えていた奥山さんが印象的であった。

コロナが長引くなか、私はほぼ自宅に引きこもり状態であった。したがって、せいぜいベランダで外の空気を吸うぐらい。

ベランダからは前方にベージュ色の七階建ての建物が見える。この建物の前に午前中、大型車両が時々やってくる。車両を待ち受けるのは七、八人の制服姿の男女であり、みんな同じ紺色の帽子をかぶっていた。車両の窓には網目模様の枠が取り付けられており、中にいる人物は外からはっきりと見えない仕組みとなっていた。車両が建物の中に入ると、すぐ入口のシャッターが下ろされた。護送車であった。

現在の警視庁菊屋橋庁舎

その建物は警視庁菊屋橋庁舎である。かつて平塚刑事と神父が対峙したところだ。もっとも当時は今のような立派な建物ではなく、木造二階建てであった。この建物を目にするたびに、平塚刑事とベルメルシュ神父の対峙する光景が目に浮かぶ。

警視庁菊屋橋庁舎の前の通りに大きな看板がかかっている。首都高の行先の表示だ。行先は羽田――。神父は菊屋橋分署で事情聴取を受け、さらに続行の予定があったものの突然、羽田から母国に帰国してしまった。


ＢＯＡＣスチュワーデス殺人事件に関わった四人の人物は、皆鬼籍に入った。

伝説の刑事、平塚八兵衛。この事件を題材として『黒い福音』を発表したミステリー界の巨人、松本清張。ベルメルシュ神父と同じ飛行機に乗り合わせスクープをものした読売新聞社、奥山達。そして神父、ルイス・チャールズ・ベルメルシュの四人である。

平塚八兵衛、享年六六。松本清張、享年八二。奥山達、享年八八。ルイス・チャールズ・ベルメルシュ、享年九六。やはり神父の長寿が際立っている。

会社を定年となったＯＢやＯＧの寄り合いの場で必ず話題となるのが、「病気と死」のこと、といわれている。とくに先輩が亡くなったとか後輩が亡くなったとかの訃報だ。会社では出世には負けたが、自分は長生きしたという勝利感に浸るらしい。寿命をもって人生に「勝った」「負けた」という、まるで子供じみた張り合いだが、これが盛り上がるらしい。

ま、そういった他愛のなさも、人間の側面の一部かもしれない。

この伝で行けば、先に挙げた四人のなかで神父は「勝った」というわけだろうか。謎を追った男たちと、謎を残したまま消えた男。そのいずれにも会うことがかなった私にも、謎は謎のままである。

外国人と未解決事件

昨今、日本にいろいろの国から外国人がやってくる。アジア圏のみならず、日本のアニメや文化に憧れてヨーロッパ、とりわけロシアから日本へ来る人も増えているらしい。二〇二二年二月、ロシアによるウクライナへの軍事侵攻が始まって以来、その数は増加傾向という。

こうした状況の中で、日本人と外国人との出会いが増えてくるのは当然であろう。そしてその結果、結婚に至るケースもある。日本人と外国人のカップルは現在では少しも珍しくない。私は外国人が多く集まってくる浅草に住んでいる。少なくともこの町に、国際カップルを好奇の目で見る者はいない。

だが昭和三〇年代、つまり知子さんの時代には、外国人、とくに白人と日本女性のカップルは好奇の目で見られたものだった。それよりさらにさかのぼった私の小学校時代、白人と日本人女性のカップルといえば、男性はほとんどＧＩ（アメリカ兵）ばかりだった。舟の形をしたハットを横ちょにかぶって、腕を絡ませて街を闊歩していた。女性は、当時の日本女性から浮いた派手な化粧に赤やピンクのカラフルな衣装を身に着け、チューインガムを噛みながら彼らに寄り添っていた。そうした光景は、多くの日本人から顰蹙をかっていたものだった。

かようなカップルは熱が冷めた時、さまざまなトラブルを生んだ。多くは、外国人男性が加害者、日本人女性が被害者という構図で、警察沙汰になった件も少なくない。

だが、当時のマスコミはほとんど無視した。よほどの事件でない限り、戦勝国相手の絡む事件をあえて取材することもない。要は腰が引けていたのだ。結果、日本女性の泣き寝入りでジ・エンドとなるパターンが多かったという。まして被害者は日ごろから顰蹙をかっていたから、同情さえされなかったのである。

時は移り私が週刊誌記者となった一九七〇年代初め、日本人女性と外国人絡みの事件を取材したことがあった。鎌倉の材木座海岸で日本女性が殺害された事件だ。被害者は横須賀の通称どぶ板通りにあるバーのホステス。捜査を進めると、在留米軍基地に勤める軍人が容疑者として浮上した。けれども、通訳を介しても言葉の壁を盾に〝のらりくらり〟の態度、日本人に比べて格段に時間を要した。加えて国の文化、習慣も異なるからスムーズに捜査は進まず、苦労したと警察が嘆いていたことを覚えている。要するに外国人の捜査は、面倒で厄介なわけであった。

昨今も同様の構図の事件は発生している。二〇二二年夏、大阪・堺市で母子二人が刺殺された。ブラジル人の夫は事件直後、母国に帰国してしまった。警察は事件の重要なカギを握っているとして、夫を国際刑事警察機構（インターポール）を介して国際指名手配した。

けれどもブラジルでは、国内法が国際刑事警察機構よりも優先するらしく、強制送還は簡単ではないという。さまざまな手続きが必要であるというのだ。夫の弁護士によると、「日本の警察に捜査資料の提出を要求しているが、いまだに何も言ってこない」と地元のマスコミを通じて不満を漏らしているという。事件の解決には時間がかかることを匂わせているのである。

ことほど左様に、今も昔も外国人絡みの事件はなかなか厄介であるようだ。

ＢＯＡＣ事件が起きて六〇年以上が過ぎた。戦後最大の未解決事件とされながら、この事件を知っている人も年々少なくなってきた。

が、重要参考人が特定されながら未解決となった事件はきわめて稀である。それはやはり、神父が外国人であったことが最大の要因であり、その構図は今も大きく変わってはいない。

ＢＯＡＣ事件は、当時の日本人に刻まれた苦い記憶とともに、今後も世に伝えられていくことであろう。

あとがき

ベルメルシュ神父が突然日本から母国に帰国した際、偶然同じ飛行機に乗りあわせた読売新聞の元記者、奥山達さんと二度目にお会いした時、別れ際にこう声をかけた。

「同期のナベツネさんや神父に負けないで、長生きしてください」

すると奥山さんは、小さな声で「うん、がんばるよぉ」と言い、笑顔を浮かべていた。

それから一年もせずに亡くなった。

国際通でヨーロッパ総局長であった奥山さんの、「読売三羽ガラスで一番出世が遅れた」と言って自虐ネタをかました時の笑顔が忘れられない。

前著刊行後も、BOAC事件のその後はずっと気になっていた。正直に言えば、「ベルメルシュ神父と会った唯一のジャーナリスト」という自負もあったからだ。

本来ならば再度カナダに飛び、セント・ジョンを九月末から一〇月にかけて訪ねる予定であった。準備もしていた。けれども年齢のせいにしたくはないが、かねてから腰痛がひどく、それがさらに悪化した。歩くことさえ出来なくなった。病院で腰に二本の注射を打つ治療を受けたが、長旅には耐えられそうになく、断念してしまった。

セント・ジョンのタクシードライバーのケビンにも再会したかった。さらに聖サレジオ会の司祭にも、直接インタビューをしたかった。

今は亡き先輩記者のYさんから、「(記者は)頭を使う前に足を使え」と教えられてきた。そしてY先輩の言う通りに実践してきた。が、体が動かなくなり、泣きたい気分が続いた。

昨今、知人が次々と斃れたり、孤独死している。寂しい限りである。特に元ディスカバリージャパンの社長で、日本にオリエント急行を走らせるというとんでもない企画を実行した元フジテレビの沼田篤良氏には、折りに触れて励まされ、アドバイスをいただいた。幼少期よりカトリック系の学園で学んだ彼は、画家・梅原龍三郎からも可愛がられたという。

現在、フジテレビは凋落し元気はないけれど、私が在籍当時、常に民放ではトップの視聴率を誇っていた。週間でトップの視聴率なら、社員一同に金一封の出る時代であった。

ある時、金曜日までフジテレビはトップを走っていた。残るは土曜日の番組だけである。ほとんどの社員は「トップは間違いない」と、金一封をあてにしていた。

土曜日の番組、長嶋茂雄がレギュラーの「ギネスに挑戦」は沼田氏がプロデューサー。そして人気番組「ゴールデン洋画劇場」の枠では、「サンフランシスコ大空港」を放送した。担当は私であった。この二つを合わせて一〇パーセントをとれば、金一封だ。ほぼ間違いない……。

月曜の朝にビデオリサーチから視聴率が発表された。な、なんと二つ合わせても一〇パーセントに足りず、金一封はなかった。「サンフランシスコ〜」は約五パーセント前後と惨敗であった。社員の白い眼が気になり、沼田氏から連絡を受けた私は、局にいるわけにもいかず、局外に出て二人でお茶をしたものであった。

去年の夏、画才のある沼田氏は水彩画の展示会を開き、私は久々に沼田氏とおしゃべりした。ベルメルシュ神父のことも話題にのぼり、何かと忠告も受けた。元気であったのだが、今年の夏に亡くなった。

最後になりますが、今回も共栄書房編集部の佐藤恭介さんにお世話になり、ありがとうございました。

二〇二二年一二月　著者

参考文献

『消えた神父を追え！――ＢＯＡＣスチュワーデス殺人事件の謎を解く』（大橋義輝著、共栄書房）
『追憶の作家たち』（宮田毬栄著、文春新書）
『刑事一代――平塚八兵衛聞き書き』（佐々木嘉信著、日新報道）
『黒い福音』（松本清張著、新潮文庫）
『心にナイフをしのばせて』（奥野修司著、文春文庫）
『東電ＯＬ殺人事件』（佐野眞一著、新潮文庫）
『カナダ――二十一世紀の国家』（馬場伸也著、中公新書）
『人はなぜウソをつくのか――悪いウソ、善いウソを見きわめる心理学』（渋谷昌三著、河出書房新社）
『正常と異常のはざま――境界線上の精神病理』（森省二著、講談社現代新書）
『やすらぎの贈り物』（ジョセフ・カーディナル・バーナーディン著・石井朝子訳、ドン・ボスコ社）
『日本キリスト教百年史』（海老沢亮著、日本基督教団出版部）
『人の殺され方――さまざまな死とその結果』（ホミサイドラボ著、データハウス）

『感情はいかにしてつくられるか』（大木幸介著、講談社現代新書）
『だます心　だまされる心』（安斎育郎著、岩波新書）

大橋義輝（おおはし・よしてる）

ルポルタージュ作家。

東京・小岩で生まれ育つ。明治大学（文芸学科）、米国サンノゼ州立大学（ジャーナリズム学科）、中国アモイ大学（中国語）、二松学舎大学（国文学科）等で学ぶ。

元フジテレビ記者・プロデューサー。元週刊サンケイ記者。

黒澤映画のエッセイ「私の黒澤明」で最優秀賞（夕刊フジ）。

著書に『おれの三島由紀夫』（不死鳥社）、『韓国天才少年の数奇な半生』『毒婦伝説』『消えた神父を追え！』『拳銃伝説——昭和史を撃ち抜いた一丁のモーゼルを追って』『紫式部“裏”伝説——女流作家の隠された秘密』『アメリカと銃——銃と生きた４人のアメリカ人』『赤口の刃——原敬暗殺事件と中岡艮一』（以上、共栄書房）、『「サザエさん」のないしょ話』（データハウス）。


消えた神父、その後——再び、BOACスチュワーデス殺人事件の謎を解く

2023年３月20日　初版第１刷発行

著者 —— 大橋義輝
発行者 —— 平田　勝
発行 —— 共栄書房
〒101-0065 東京都千代田区西神田2-5-11出版輸送ビル２F
電話　03-3234-6948
FAX　03-3239-8272
E-mail　master@kyoeishobo.net
URL　http://kyoeishobo.net
振替 —— 00130-4-118277
装幀 —— 黒瀬章夫（ナカグログラフ）
印刷・製本— 中央精版印刷株式会社

ISBN978-4-7634-1110-5 C0036